Sudoku Puzzle

The goal of a sudoku is to fill in the missing numbers. Via logical deduction, the player must place the numbers 1-9 in every row, column and in each of the nine square grids.

	Column 1	Column 2	Column 3	Column 4	Column 5	Column 6	Column 7	Column 8	Column 9
Row 1		4			6	8			7
Row 2	9			7	5			2	1
Row 3	7		5		2		6		4
Row 4	5		1	3			7		
Row 5						1	9	3	5
Row 6	3	9	7	8			2		
Row 7			8	4					
Row 8		7	9	6	1		5	8	3
Row 9	2	1	3		8	7	4		

Let's use this sudoku puzzle as an example and make the first few moves together

	Column 1	Column 2	Column 3	Column 4	Column 5	Column 6	Column 7	Column 8	Column 9
Row 1		4			6	8			7
Row 2	9			7	5			2	1
Row 3	7		5		2		6		4
Row 4	5		1	3			7		
Row 5						1	9	3	5
Row 6	3	9	7	8			2		
Row 7			8	4					
Row 8		7	9	6	1		5	8	3
Row 9	2	1	3		8	7	4		

Bottom Left Grid

(1): By Looking at the bottom left grid, we can see that there are three missing numbers: 4, 5, and 6. Let's try place the 4. We know we can't place it on column 2 because there is already a 4 there. We also cannot place a 4 in row 7 because again, a 4 is present. That leaves the only possible place for the 4 in column 1, row 8

(2): As a second move, if we continue to look at row 8, we can now see there is only one possible number left to fill the row, a 2.

Throughout this book there are more challenging sudoku puzzle shapes. For each shape they are merely single sudoku puzzles that share one or more of their 9 grids. The same rules and strategies apply. We hope you enjoy the puzzles and if you do, please let us know!

1

	2	9	7		5		8	
4	3	5	8			9		2
7			2		4	3		
	1		4			2		
			5	7	1			
8	7	3	6				4	
3		7		5	8	4	2	
	5	8		4			1	
1	9	4	3		2			

2

4	5	8				9		7
7		2		8	9			6
6			2	7	5	4		8
9	8				7	1	6	
	2		1	9				5
1		7		2		3	9	4
			8	6	1			3
2		6						
8	7				2		4	1

3

1			3		8		7	
6	7					8	5	
8		9		1			4	
			5	9		7		2
	3	7			4			9
		1		3	7	4	6	8
9	6		8	4	3		2	
7		8	1		5			
		4	9	7		6	8	5

4

	8		4				9	3
		3				5		
	7	2		3	5	6		8
			1		4	8		
1		8	7	5	3	2	4	
			8	9	2	1		5
5		7	3		6		8	
8			2	7	9	3	5	1
		1	5	4	8			

5

1		3	6		5	7	4	9
4	5						2	
		6			4	1		
	4		9			2		5
		2		5	8	3	1	4
7	1	5			2	9	8	
	7	4	5	3	6			
8		1	4			5	3	
		9	8					

6

2			1		3			
3	9	1	4			2	7	
5	6				8	1		4
		2			9			5
6	4		7		2	3		
7			6	8				2
9	7	8	2	3		5	1	6
1	5			9	7	4	2	
	2		5			8	9	

7

9	8	3	6	4		2	1	
				2	3		7	9
5		2						6
3	5			9		4		8
	4	8	2				9	
2			3		4	1	5	
7		1		5	8	9		2
6	2	5					8	4
	9			6	2			1

8

2		3	6		5		4	
		1		7	3			2
		9					7	5
				2		5	8	6
5	8			6	7	1	2	9
	2					4		7
	9		1	3				4
		5	7		6	2		3
6	3	2	4			7	1	

9

		8		1	5	9		6
9	1			8		5		2
	5	2	3					
	6						1	8
8	2			3		4	9	5
	4	9			8			7
3			8	9				4
	8	1	4	5				9
			7				2	3

10

			3	1	4		6	2
	4		7		8			
1					6	8	4	
2	6		5				3	4
4	3	1			2		7	
	9						8	6
7	2	3				4		8
8		9						
6	1	4	8		7	3		

11

7	4				3	6	1	8
			5	1	6	4		
		9						2
9	2	4		3			7	
		7	1		9		2	
8	5	1				9		3
			3	6	5	1		9
		6	2		4			
5	9	3	7	8				

12

1		9	2					
7	3	2	8	9	5	6	4	1
		4		1	7			
9		6		7	4		3	2
5	4				3			
3	2			6	8			
			6		2	5		
	6	1				3	8	4
		5						9

13

1					2			8
			7	6		3	5	
5				8		4	9	
	9			1	7			5
	1		6			2		4
7						8		9
	4	2	9	5				7
					8	5		6
6		5	1	7	4	9		3

14

3			5					
6				1		8		4
		2		8		9	3	
9		3		6			4	
4	6		1		3			9
5		7	2	4			8	
2	3			7	1	5		
				2	8			1
8		1	6		5	4	7	

15

	2	3	5	9	6			8
			2	1	8		5	
8	5				4		9	
6	1	9			5	4	8	
3		2			1	9	6	
	8	7	6	4	9			
	3					8		
9		8	4					1
1		4		8	2	5	7	

16

	1	3	2	6	9		7	
		8		7			1	3
6		4	8	1		9		2
7			4		5	1		
	3		9		1	7		
	8	1		3	6		9	
3		6	1	9		2	4	
1	4		6	5				
	9	7		4		5		1

17

	6						8	3
	1						4	5
			9		3	6	2	
1	3	9	4	8	7		6	
5	4	2		6	9	8		
6		8			2	1		
	9		2					
3			8	9		4	7	6
4			7	3	1	2		

18

	6				1	5	4	2
						1		
	5		2	8	7		3	
	4	3	7				9	
8		6	5		9			4
5	9		8			2	6	1
	8		1	7	5		2	6
		2	4	6	8	7		
	7		3	9	2		1	

19

8						1	5	
5	1			8		4		
4	7	9	1		5	8		
	5	4			3			1
3		1	8	7	2	6	4	5
		8			1	2		
9	4	5	6			3	2	
				9				8
1			5	3	7	9		4

20

				9	6	3	8	7
	6	8			1	5		
5			7					
4	1		8	6	3		5	9
	5	6	9	4				
		7	2					
	8	5				6		
2	4	1	6			9	3	
		9	3			2	1	

21

	9				7	5		
4		1		2	6		9	
7	6	3	4	9	5	8	2	
9		6			3			5
1	8	7				4	3	6
3	4	5	6			2	1	
8		4	9	6				3
5	3	9			1			
			5					8

22

	9			3	5	7	8	1
						4		
7	5						3	
9	4		8				5	
6		7				2		9
1	2				4		6	3
5			4	7				8
4	7	1	9		8			
			3			5	7	4

23

6		7		3	9			
				7	6	2		5
	3	8		5			9	7
8	1		4		2	5	7	
		5			8		2	4
					5			
9					7			2
	2			4	3			8
7	8	6		2		3		9

24

	7	3	2			4	6	
9			5		1			
		2		3		8	1	
2	6	9		1	4	5		3
		7		9	2			
4	8	1	3	7	5			2
8	9	4	1				2	
		6		4				
7				2		3		8

25

7			3	4		6		
8	9				6	7		4
		4		7				5
1	6	9	7			5		3
		3	5					8
	4				3			
9	2	1	8		7	4		
	5	7	4	6	1	9		
	8	6			5		7	1

26

	2	9	5	1		6	7	8						
	8				7			1						
7	1		6		3	2		9						
				2		3		6						
9			3			8		7						
		2	7	6	9			4						
1	9	8	4	3	2	7	6		3	4				
	7					9		2	1	6		3	4	
2				7			1		7			2	5	
							2	6		1		8		
						3	7	8			6		9	1
								9		7		5	6	
						8	3		5		7		2	
							5	4		3	1	7	8	9
						6					8			

27

	7					9		3
4	8	2	9		3	5		
					6		2	8
			7	1		2		4
	4	8		3		6		
		9	4				3	7
9				8	7		6	
2	6		3	9	4	1	8	5
	5	4	6	2	1	3		

4		5		8		9		
	3	8				2	6	
1	6	2			9		5	4
	8	4	9			1		6
5				3	4	7	2	
6	2		8					5
			4	6	8			
	4	6			2	5	8	1
	9		1	5		6	4	

28

9		4	7					3						
	7	8	1	3	2			4						
			9	4			8							
	3		6	9	8			7						
				1		3		9						
1	9					8								
8	4		3		9	5			2	9	4	3		
3	5	9	8			4	2	1	3				5	
7	6			5	1			8	5		1		4	2
						1		5	9					
							4		1				9	6
							9	3		5	2			
							5	9		1	3	4		7
						7		4	8		5			1
						3			4	7				5

29

								6	3			8	9	
									6	4	5	2	3	
						3					8	4	1	6
							3		8		7		2	4
						1		2					8	
							5			2			6	
	7			8		5		3			4		7	
	6	9	7	5		2	8			6	9	3		1
						7	6	1				9		
2		6		7	9									
9	8	5	3			4	2	7						
7	1			4			5	6						
	2			9			3							
		4	8	1	5									
				3	2			9						

30

						1	6	8		9				
							4		6	8	2			5
								2	1		4	9		
							7	5		3	6		9	
						8		6	9		7	3	5	
						4	9				5			7
8	5	3			1	9							7	8
	7		3				8	1	7		9		6	3
4	2		9		8				2	5		4	1	
7	4					3								
2	6		1	3	7	4	9	8						
		9		8	2	7								
6			5	7			4							
5	3	4	8	1			7	9						
						8		5						

31

						5				1			3	7
						4	3	1		9			8	
						9		6						
							8	2				7	4	9
								9	7	4	2	8		3
						7			8		9			
5		7		8	2		6			2	5	3	7	8
1	2	9			6	8			6			2	9	
8	4	6		5	1		9	7	1		3		6	5
			1		9	7		8						
	1			7				6						
7	8	3					1							
			8		3		7	5						
		2		1		4	8	9						
		8	4		5		2							

32

						7	3	2		6	5			
							1					7		
						8		9	7	3	1	5	2	6
								4			9		7	
						9	7	5	3		6	2		
							6	1	8	4	7			5
1		9		6				3			2	1		
6		8	2	4		1	9				8		6	
5	7	4	1		3			8		9		4	5	7
	8	6		5		2	3							
		1	3				4	6						
	4	2		7		8	1	5						
	9													
8		7	5	3		9								
		3			9	5	7	1						

33

						2					4	1		8
						9		5	6	7		4	2	
						4	8		1				6	5
							2		4	9		8	5	1
							4			1		2	3	
						8				3	7		4	9
3			7		9			2	3	8	9	7	1	4
		9			6								9	
7	6		8		5			4			1			
		6			4		2							
4		5	9	7				6						
9				8	2	4		5						
8	1		4	6		9	5							
6	9	4	1		3	2								
5		3		9			4							

34

								3	8		9			6
							2	5	4			9		7
						6	1		2		7		8	5
								6			8		7	
							9			2	5		4	
							3					5		
2				3		9			5		3			1
	9		8				5				4	7		
4	3					7		1		6		3	5	
8			5	2	4		9							
	4	9		1		2	7	8						
6	1	2		8				5						
9	2	1	3			6								
	6	5				8								
					1		2							

35

		3	2	1				8						
2				8		6	9							
8		5	3	9	4	1		2						
	8	7		6										
	2	6		5		7								
5		9	8					6						
6			1				5	7	6		3			
		2	6		8		3	1	4	8	7		5	
			5	7	3				5			7	8	
						5	1			7	9			
								3		6			2	
						6	9	2		4		8		
							2	5		3		4		8
								6	9		4	2	1	
						7		9					3	

36

7		2	6	1		8	9							
4	1							3						
6			5											
1		5	2	9			4	6						
	6		3	5				1						
				6	4	9	8	5						
8			4			6	5		3	1				7
	2			8		4			7			5		6
		6				7		8	5		6	4	2	3
						1	9	5	2	6			3	4
						8		4	1					
									4			1		
							2			4	5			
									6		3		4	1
							4							

37

3		6		5			8	9						
	7		9				5							
		4				2	6	7						
6	3		7		4		2							
	9	8			3	7		5						
7	2	1	8		5	3	4							
	8	3		7					7					3
2			1	3	8		7		8					
	4		5	6			3		6	9	1	5		
							4	5	1	7	3	8		6
						9	6		2					4
						1		7					2	5
						3			9	1		4	7	2
						4			3	2		9		8
						7	2	9			8	6		1

38

	6			1			8							
1			8	4	7		5							
7				6		3								
9			5				6	3						
				9		8		1						
3			6	7		5	9	2						
6			7		4		3	8	6	4	1	5		2
	3		1		8	7			2					1
8					6			5	9	3	7			4
								3		1		2		
						6		4			3			
								1	5			7		3
								9		7				8
							6		1		5	4	9	
									3		2	6		

39

							3	6	2		1		8	
						5	9	1				7	2	3
						4				7	3	6		9
							5	8	9			4	3	
										1				2
						2	4				7		5	6
3		1	9				6		7		2	9	4	
7		9		5				4	8		9	2		
	4	5				9		7	1					
	1	7	6			2								
			4		5		7							
				8	7		5	9						
1	9	3	7	4	6		8							
	5	4	8		9	7		6						
		8	5	3		4								

40

									2		5		4	
						2		3				5	7	1
						5		8						
						3	8		5	6	7		1	
							7	2	1	4	8	9	3	5
							1			2	3			
	5	7	8					4	7	9			5	8
8			2	1	4	9	5	7			6	4		
		1		7			2	6	3		4			
4	6	3			8	5	7	9						
					5									
		9		4	7		8	3						
	2			9		7								
6		5			1		4	2						
1	7	4	3			6								

41

						7	2			9		3		6
									3	2				
						3		4		1			2	
						1						4	3	
							4	6				1		2
						2		3	1		9	7		
			1	8		9	3			8	4			1
2	7	1						5				2		7
9			6	5				7	6	5			8	3
				1				6						
	5	4	7	6										
7		6		2	8		4	3						
5		8		4		7								
		9	8			3		4						
	6		3			2	5							

42

1	5	9			8	2		3						
4		2	7	1	9	8								
8				2	3	4	9							
	9	4	6	8			2	7						
					7		4							
6							3	8						
	6	8	9		2	3			2		6		7	9
9	2		8				6	5	9		4		2	
	4	1		7	6			2	3	1	7	4		
						2				3		6		4
								6	4	9	5		1	3
						4	3		6	2	1			
							9			6	2		4	
								8		7	9	5		
							2	7			3	9		8

43

8					4									
		7	6			4								
	6	3		7			1	2						
5		6			7		4							
	7		5			2	6	9						
2	8			4			7							
6	3		4			7	5	1	8		9	4		
7	5			6	1			4	3		5			1
1	4	8	7			3	2		7				5	8
							6	7	1					3
							4			3	6			7
									4	7		5		6
								2		9		8		
						5		8		4			6	
						4		9		8	3		2	5

44

								5			2	4		
											3	1		
						2	3	7	8		4			9
						9		4	1	3			5	
						5		6	9	4		7	2	
							7		5			9		
		7		8		4			2		9			5
	9	3	2	4		7		8			1		9	
4								2		7		8	1	6
7		5		3	6									
3		8	4				1							
9	2		5				7							
	4	2	7	6		5		9						
5	3	6		9	2	1								
					4		3	6						

45

9	3	2			7	1	4	8						
7		4		2		3								
	5	1	8		4									
3	9					5	1							
2	7			9	1	6	8	4						
				8	5		7							
	2		7			4			8	9	7	2	1	6
	4	3	5	1		7			2				8	4
	6		9			8	2	1	4	3				9
						1				8	3	6	7	2
						6				2			9	8
								7			9			1
						5		2				9	4	3
						3			9	7	2			
						9		6			4			

46

		8		6	3		1							
		4	8	5		3		2						
			4		7	6								
		7	6			5	2							
1	8		7		5	9		6						
4	5	6		9		7								
8							3		8		6	7	5	9
5	4			7	8	2		9	5	7	3			1
	6	3	9					7	9				6	
						3			1					
						6	9	5			8		1	7
						7	2		4	9	5			
						4		2	6			3	8	
									7	8	4	9		6
										5				

47

						4			7		9	6		3
						7		6	1					8
								9		6				7
						2	8	3			1	4	7	6
						9		1	6				3	
							6		4	3	8			
		8		7	6	3			8	2	6	7	5	1
6		5		9		1				9		3		2
			3	1	8	6	2	5						4
	6		4		2			1						
	1	2	8		9	4	3	7						
	8			3	7	5	6							
	7		9			8	1							
		1	6			7								
		3		4	1	2	5							

48

	3	9		7		5								
6			3		4	1		9						
	7			1	9	2	8							
	6	7	8				9							
9	1	8				7		2						
5		3	9				1	8						
7			5		3	9			7	5	2		3	6
	5	4			6	3			8	6	9	1		
	9		7					6	4				9	
											7		8	
						7						5	2	
						2			5		1	7	6	3
						5	9	2	6			3	1	8
								8	1	3		9		2
						4							7	

49

	2		7			6		5						
		7	3	6		2	1	4						
		6		1	9	3		7						
1				7	2									
	3				4									
4	7	9			3	1	5	2						
			4	5			7	3	2	5			8	
		4		3		8	2		4	9			5	7
7		3	8	2	1		4		7	8				2
								7	9				3	8
						4		8						
							9	5	6	2	8	7	1	4
						7	3					1	2	5
							5	9	3	4			7	6
											5			

50

				9	3	6	2							
	3	9	4	6	7		8							
5							7							
	8			5	4		9							
4			6	2	8	5								
			3	1										
		2	9			3		7	2		5	9		
				7	5	4	6	2	9		7	5		1
7	6	4			1				1	4				
							2	1				3		
						6		3	8	1			5	
										9		2	1	7
							3	8		5			9	
								6			8	1		5
									3	6				

51

								6				8	3							
						3	2			8										
						4		8	2	6		9								
							4	7		9			2							
						2	6	5		1		3								
						8	9		7	2			1							
		8			2	6		4	8						4	7			1	6
1	3		9	4		5						7		1	5			3	8	
	6	4				9	3	1	6			5			6	3	1	9		2
			2											6		8	7	1		5
4	9				3	2										6	3		9	
3		1			5		9	8				8	2					6		
6	1			3		7	4							2						1
5		3											4		7	1		2	5	3
	4	9		2		1		3							8	4				

52

											9	2	3							
							2		5		7									
						9	6	4				1	7							
								1				8	6							
							7													
						3		6	2		1		4							
	7						8		1		2	7	5	4	6	1		9		
		6					3	2	7			9	8	1	3		4		6	
		2		9	6	1	5			4		6		3	5			4		
	1	4	2	3	9		6	5							2	6			5	9
3	9		6									1							2	
		5	7		4	9						2		8	9			7	3	4
		8		6	1			4					4			9				
1	4			7	3		2					8		9				3		
7			4	2	8									2			5	6		1

53

						4				5										
							2	7		3	9	6								
						1		5	7			4		9						
						3	5			1	4	8	9							
								4	9	7			5							
						7		9			3	2								
2			6	3			7	8	1	4	6		2	3	6				7	
3	6			8		9	4					5			7	4		1		2
8		1	7					2		9		1	7		2	5			8	9
5				9				6				7			5	3		9		
1		8		6	2		5	4				6	3				2			
	2		8	5				3				4			1				2	7
	1				8		6					3	1		8	2	5			4
	7	3	5			8		9				8	4	5				2		6
6		2		7		4		5							4		6		5	

54

							1			8	2		4	6						
							2		7	4										
								6	5			3	8	2						
								4	9			8	3	1						
						1	6	3			8		5	9						
								5	1	2	3			4						
	9		1	7				2	6		7		9		7	3	4	6		2
		3	8	5	4		9	1		3			2	7	6	8	9			4
4	1	6					5			9	1		6		2	1			7	
		8			7			4				6	3		9		8	7		1
9		7	2	1			6						4			7		5	6	
3	2	1	6				8	9				7		1					2	8
1	8	4		9	2	3		6					1		3	2				
			4	8		9	1						7				1	3	9	6
	3	9					4					3						2	1	7

55

							2		3		1		5							
							4	5	2	6	8	1								
							8	3		5		7								
						4		7		2		3	8	1						
						5	1	2	8					7						
											7		4							
8		1	7		5			4	9		3			5	3		2			9
		4			2	3			7				6		1			3	7	2
	5	3				9				4	6		1		9			5	4	8
	2						8					4					5	8	1	
9		8	5	6		1	4	2									4			7
	4					7	3					1	9			3	7		5	
	3	2	8	5	1		9					3				2			9	
	8	7	6	2			1							9	5		3			1
6					7	8	2					6	5	1	4			7	2	

56

						1	6		2		8		5							
						9	8	2	4			6	7	3						
						5	7						2							
							1	8	9	4	3			2						
						3	9		5			4								
													8							
	1	2	7					9	7	3		2			6		8			7
4	8	7				6			8	2	4	7		5	3	1	2			4
5		9			6		4	7	1	9			3	6	4					
8			6	1	3	5									9	2	3	4		8
		3		2				8				4	2		1		5		7	
	2	5	9	4				6				1			7	4	6	5	2	9
9			3	7	2	1		4									1	8		2
2		1		5	9	7	6					9				3			4	5
		8	4			9		5					1	8				7	9	3

57

							7													
						1	5		6		4			3						
						6		9			2		4	5						
						7	9			4		5		1						
						4	6		1	2		8		9						
						2			9		8									
7	2			1						3	1	4		2	9		7			
	9	5		8	6		4	7		6	5	1			3		4	7	5	2
	3	6		4		5		1		8	9		6		8	5	2	9		4
4	1		3	2	5	6						5	2	4	7			3		
			9	7	8	1	5	4				6				3	5			
	8				1		3								4		6		2	
	7	3			4	8		2					3		1	4				
	5				7		1					7		5		2			4	
						7	9					8		6			3	2	9	

58

						2	1	7	8	3				9						
							3	6	9			7	8	1						
							4		1		5		6							
							6		5		4	9								
						3		5	6	9		1	2							
						4	2	9				6	5	8						
6		7		4			9			5	3				4		2	3		
2			7	9				4				3	1		9		8	6	7	4
9	4		2	5		7	8	3		6	1		9		7		6	8		
8								6				5		1	8		3			
1		6	8	2	4							6		9					8	
		2	5		9	3	1	8					4	8	6	9	5	2		3
		8	9				2							4				1	6	
	2	9	4	7	5		6	1					6	3	1	2	4	7		8
5			6	8	2	9	3					1			5		9	4	3	2

59

						8	3	9	2					4						
						2		1	6	8	3		5							
						6						8	2							
								8	5	2		3	4							
							6				8	5	7	2						
						5	2			6	4		9	8						
	7		1	8	4										2	3	7	5		
					3	7	1	4	8				6		1	8			3	7
	1		6	7		9					6	7	3		9		5			8
1	6	7		3		4		8				6		8	7			1	2	
	2				8	6	7								5	9	6			
4		8	7			2						9	4	7						
	3			5		8							2		3	7	9		5	
7		5		6		1		3									2	8	9	3
	8		3		7	5	6					1			6		8		7	2

60

									1		5	4	9	2						
											6		3	5						
						1	4		3			7	6	8						
						7	5	6	8		2	3	4	9						
						3		9			7		8							
						8	1					2	7							
2	8			9	7				9	6			2		1		4		9	
5		3			1			7	2		1		5		9		7			3
9			3	8		4	6	2	7			9	1	3	6	8	5	2		
	6	4			9	7		3				5				1		9	4	
7	9			6		8	2									4	3	8	1	6
		2		4	8	6						4					6	3	5	7
6	2	9				3	7	8				2	7		8			4	3	1
		1	8	7		2	4	9				1		9				5		8
4	7				2		5								4		1	7	2	9

61

									6											
						8	1				9	6	5	4						
											5	7	9							
						2	4	8	9		1	5		3						
						6	5	1		4		2	8							
							7	9		5	2		4							
8	9		2	3				4	5	9		8			6	9			4	5
				8			3	2	4		8	9	6		4	1		7	3	
3			6	1	7		8			2				7	3				8	9
	7	9	3	5	1							1		9	8	7		2		
		8	4			3	7					7	2		5	4				
		3			8			1				3				6	2	9	5	
9	8		1	7	2									3		5	6		7	
7	1	6		4								6			7			5		3
4	3		5	9	6	8		7					7	8			1		9	

62

							9			2		5								
						6		8	4	5	3	7	9							
								2		8		4	6	3						
									7	9	4			8						
						8	4			6	2			9						
							7	9	8			6	5							
8		1			6			7		1			4		2	7				
	3		4								5			7	1			4	9	
	6		5				3	4			6		1	5	9			2		7
	8					7	5								8		3	5	7	2
3	2		7	5				8				7		8	4		2		1	
5	7			8	9	6		3					2			1	7			
7	1	2				3	4						8			4	5	7	3	9
	9	8	1		3		7	5						4		8	9			
		3			7	8		1							7	2		8	4	6

63

							7	6	3	8		9		4						
							3				1	8		6						
						8	4			6		5								
						2	6			7	8		3							
								5	1	4		2	8	7						
						7	8			3		6	5	1						
7	4				5	9		3			4		6		8		3	4		
				9	3					5			9	8	4	2	7		3	
9	3	1			4	6	5		9						6	5				
4		9	6				7								7		4	6	5	
6	8	5	3				9	2					3	6	9	8	2	7		
	7		9				6					8		4	1		5			9
2		4			9	7	8					4	5			7	8			1
			4		6		3					6				4	1	9		5
3	9		2	7	1		4	6				2		7	5			8		

64

						5			7			6	4							
						2		4		6	9	1	7	5						
							7			1			3	2						
							6	9		3	7	5								
							2					9								
						7	4	5			6									
6	3	9				8	5	7	1					6	1	8		2	7	5
		4	9			6				7	3	4	5	8	7	2				
		2			8		9	3	6	5		7	2	1	6			9	8	4
		8				9	7	4					6		3			8		7
4			7	8		3	2	5				8			5	4		1		
5			2		3	1	6	8					3	5	8	6	7	4		
			1	2		5	8	6								7	6	5		3
8	6						4	9					4						2	8
2	4		8	9		7	3					5		7		3		6	4	

65

						4				1										
							5	7	3				1							
						3	9	1		2		4		5						
							2	6	4	3	1	8								
							1	5	6	8	2	3		9						
						8		3		7	9									
		6		4	8	2	3			6					3			2		6
3			6							4		6			9	5	8		7	4
	2	9	5		3	1	6		2	5	8		9		4	2		8		
		5		1	9	3										4			3	
1			3	2		7						9	3	6	8		2			7
		3	7	5	4			1						5	6		3	1		
4		2			7			3								8	9		6	3
	6		4		5							1	6	9	5	3				2
5	3	8	2		1	4		7						8		6	7		5	1

66

							5					8		9						
						3		4	9		2	7	6							
							9	7		3	8	4	2	5						
							7	6		2	4		1	8						
									8			3	9							
							3	8	1	9			7	4						
			6	1			4	9		1		2	8		1			4		
8		6		4				3	7				4		9		8	7	2	3
	4	7	5	2		8	6		2		3			7	2	3				6
	2	8			1		9	6				7	6	5	4	8	1			
6	7		3	9	2	4	8	5					1	2			5			7
5			8									4	9	8	7	2	3	5		1
1	5	4	2	7	6		3	8						9				6		
	8	2	1				5	4						4				9	5	8
						2		7					2		8	6	9	3		4

67

						7	2		6		5			8						
						5		8	4	9			2							
						1			7	2	8	4	5	6						
						6	7	3					4							
							4					6								
									3	6				5						
8	9		4					6						4	7				9	
					5	4				3			7	9	6	3		8	2	4
5	4		6	8			1	7		4		8	6		4	2	9			1
		9			3	8	7	4				3								
3	1			5	4								9	2			3	7		
	2					5	3	1				7	8		9			4		
4	7				9	1		8						8		1	6			7
2													5			8		3		6
9		1	5	6	7		4					1		6	5					8

68

						3			2	8	5		7	9						
								7			6	8		1						
						2	8	6			9			4						
							7	3	9			1	8	2						
						5	9	4		1			3	6						
						1	2			6	3	4		5						
1	8		4	2	5				5			2		8	7			5		
2		3			9	4	6							7	5	4	3			
	5	4		7	3	8				9		5		3	2	6		7		
		7	3	9	8	6	2					4	3	2						9
8		1			4	3	5					6	8	9			4	1		
			7			9	8						5	1		2		8	4	3
	2	5	9		7							3	9		8		2			7
4	1		5	8	6							8	7			5	9	3	1	2
7				4		5	9	6					2					9		6

69

						7				5	1	8	4							
						4	8	6	7	9	3		1							
							5				6	7								
						9			5		8		6	4						
						8		4				2	7							
						3	6	5	4				8							
4		5			7	2		8		7	4				9	2	7	3		8
	7	9							6	8		9	3		4					1
		1	4					9	1	3				8	5			9	7	6
			1	3	4			6					8	5	1				3	7
1		6	7		9	4										5		2	1	
9				6	8			2					4	3	7		2		9	5
7	1	2			5	8	6	4					1					7		
	8			7	1	9	5	3				3	7	4			5		8	2
	9		8			1	2	7					9	2		7	1	4		

70

						3	6			2				8						
						5	8	2	7		6									
								4				6								
						4			1		9	7	3	2						
						2				4	5		9	1						
									2	3			6	4						
				7	8		2		4			3		7	6					9
5		8			9	6	7		8						2			5	6	8
	9	6	2		3	8	4	1		7			5		9				1	
9		7				1	5					9			1		7			4
4		5	1	2	7			8					3		4	9	5	6		
1	8			9		7		4						1		2			7	5
8			5	6			3							3	5			1	9	6
			7		2			9				1					9	8		2
		4										5	9					4	3	7

71

										9	5		4							
						8	4	2	1	6	3		5	7						
						5	9		4											
						7	8	3					1							
								5		3	7	4	8							
						2		4	9	8	1									
8	9	3		6		4	2		3	5	6	8	9		4			2	6	5
7		4	3				5		7			3	2		5	9		4		8
5		1		7	4		3	9		1		5	7		8	2	6	9	1	3
	4			8		7							6		3			1	5	2
6	1	7	9	4											6	8		7	3	4
	8		1		7	5	6						3		1	5		8		
2	3		4		8									9	2		5		4	
1	7		6			3	4	2				2	1			3				
4		9	7	2				6						3		6				1

72

							8		1		7			6						
							5	1	6	2	8		7	3						
									3					1						
							9			8	6	3		2						
							6	8				9	1	7						
								2		7	1	5		8						
9	4	6	7	5	2	8		3		5	9		2	4	3			8	9	
	8		6		3						2	1			8	6		2	5	7
	5	7			8		2	9	4	1	3			5	2	1	9		6	4
4	3	1			7	5	9	2					5				6		2	3
			2									4	6	3			1	7		
	2		5			3	6	8				2	7			3	5	6		
8			1				5					5					8	9	3	
6	1	4	9	8	5	2						3		6	5					8
				7		4		1					1			9			4	

73

						9								6						
						8		2	3	1	6		7	9						
							4		5	7										
							9	7		6	1		5							
						1	8	4		3	5	9	6	2						
						6		5	9	2	8	1								
	4		5	3			6			5		3	2		5	1		6	7	
5		2	8	7		4	1	3			7	6	9	5	7	4		3		8
3		6				5			6						6		8			
4	8		2			1	9	6				1		7	8					5
	5				3		8						3	9	2					6
	2		6		4	3		5					6	2	9		4			7
2		4	7		9		5					9		3	4	2	5	7		
	6			1	8	9		2					5	6					8	3
8	1	9				6	4	7				4			3	8	6	5	2	

74

						9		8	4		2		1							
							1	2	3	5			7							
							5	7	9		1		6							
							2		6	1			4	5						
							4		5											
						1		5	7	4	8			6						
3	9	8		1	6			4			5	6	9		4		3	1		7
1	4			7	2		8				7	1	5		2	7	8		9	
	6	2	8				9	1	8			2		7	9			4		8
		7			4							7		9			5			1
	1		2	8	7			5					8		6		4	3		2
		9		5			6	7				3	6			1				
9	8	3			5	1							7			4	9	2	3	
2				6	8	3	5					4	2							5
		6		3	9			8				9	1	6			2			

75

							3		1	8										
						1	8	2	3		7	5	4	6						
						6		9		5			8							
						5			4	3		6		2						
						3		6	7	2		9								
						7			9			1								
7	5			2		8	4	3					2	5	3		8	6	9	
	6	3	7			9			8	7			6		9	7	2		8	1
4														9	5	4		2	3	
	3			7				9				1				8	3			
					5								3			2	1		6	8
	4	5		9	3		2							4	7					3
	2	8	3	1	9	6	7	4				3	5							
3	9		2	6	7		8	5					4	1		3	7			6
	1			5				2						8				3		9

76

	7	8		9	4			6				4		3	7				1	8
4			2	3		1		9					7	8	3			9	4	6
		3	6		8								6			4			7	
3			7			5		1								8			2	
	4	2		5			9							7	6	1		4		
			9				4					3				2		8		1
8		7		2		4		3	2		9	7					6	5		4
5				7		9		2				5	3		8	7	1			
				6	9		7	5			1			2			5	1		
								4			7		5							
						1			9			2	7							
									6	2	5	1		3						
		6			9		3	7				4	6		8				7	2
		9	1	2	7	6			7		2			5	2	7				
								1			4			7	4			5		
			5	7		4	8					5	9			8	7		2	
		8	9		6	1	2	3				6	7	2	9			3		
6	4				2	7						1		8	3			7	9	
9	1				4	8		5								9		6		3
4					5	3	1	2					8	4				9		
		5		1								9				1	4	2		

77

	6				3	5	2					2	3	5						7
		7	4	6	2									1	4		5			3
8	4			9	1	6	3	7				4			3		7		9	
3	9											3			9		8		5	
			6			9	5								1		3	6		
2	7			3	5	4		1				9	1	7		5	6		4	
6			1	5		3			6		1				8	3	1	7		
7		3	2	4	6			5	7		4	6	2				4	8	1	5
	5	1			8		4							8	5			9	3	4
							8			6	2		9							
						9	2	4		5		7	1	6						
						6	1		4	7	9	8	5							
8	1		3	6	2	7			8				3		4					9
		9			5			2		1	5			7	9		3	2		1
3		2	9		8	4	6		2	3				5	2	1		4	3	6
	9		1			6	2											6	2	8
5		6		8								7	2	3		8		1		
4	2	1	5		6		7	8				6		8			5		4	
	4				9			6						6	8		2			7
9			8		1	2						3	1		7	4	6		5	
		3	6			5	9							2		3	1		6	

78

9	7	4	8				3	1					3		2		9	1		
1		3			6								7	2	1			8	5	3
				1	3	4	5					4			8		3	9		
	1	5	2	9	8	7						1	4			3			6	2
8		7	3	6		1	9					6	2			1		4		5
		9		5	7									9	4	2	6			8
7		6		4		3	1								5	8		6		
2				3		5		9		2	8			7					8	9
5		1	6		9		7		1		3	5		6		9	1	2	7	4
						4			8			9	7							
						7	8	6	9	5	2			3						
						9	5			3			6	2						
	9			4			2	7		4	9	6			2		7	3		
	3	2		9	7						6	7		9	4		5			2
4	7	8	5	2	1	6		3	5			4	2	1	6	3	9			7
	5	9	1	8				6				9		5	7	2		6		
8		1	4				5							3	9	5	4	2	7	
3	4	6				2	8	1					7				3			
2	1				4		7	8				3		7			6	9		1
9			8			3						5					2	7		4
	8					9	6					2					1		5	6

79

8				6	7			4						4		3		8	7	
					8		5						9					6	2	
9		2	3	4	5	8	7	1						2	6	9	8	5	4	3
	4	6	9			5	3	8							7		6	9	3	
7		9		8	3		6								5			1	8	7
1													8	7	3	1	9			
		8		1		6												2	1	
	2	7	8		9	4					3			9		7	4	3	6	5
4	9				6		8	3		2				1	8	2			9	
							9	6	8	1	2		7	5						
								1	6			3	9							
						5	7		3	4	9		1	6						
3			8	5		9			1	3	7	5	8		1	9			6	
7	5	8	9	4		1						9		7	3		2	8		1
6	4	9			3		5		2		6			4	5		6			
		4	6		1							3		5		1		9		6
		3		8		5	4						7	9			4	3	1	
8	2			9	5	6										3			2	
9	3	6	5	7			8					7		3		2		6		
	8		1									2	1	8	4			5		9
2		1					9	5						6		7				2

80

5						2		7					2	8		9			1	
		2	7		3		4						6				5			3
6	7	9		1	4	5	3					3	7	9	1	6				
			3			1							3			5	1	6		7
4	9	7	5		1		2	3				4	5	1	6		2		8	9
1			8			9	7					7				3		1	2	5
3				7		4	9			8			1	3		8			7	2
7		8	6	2		3	5	1		4			9			4	6		3	1
9	2	1		3		7	8			3		2				1	7	9		8
							6	4	3		9	7	2							
						1					6	3		8						
							7					4	6	9						
					9	2	3					1			7	5		4	9	
6			1	7	2	9	4	8		6	3		7	2	9				6	8
	2		4		8			5	8	2	7		3	4	2	8		1		7
		2			3	7		9								7		8		5
	7			5				2						1	5		2			
	9	8	2		7			1				6			1		8	2	3	
9	5		7	8		1	2						6	5	4	1	9		8	3
2	8	6	3	9	1	5		4				4				6	7	5		
	4	7			5	8								3	8		5	6	4	1

81

		8	2			9	1	4				1				4	6			3
4				8	9	3						4	8		5	9	3			7
3			1			7		8				6	3		1	8				
	4	6		9		2	3	7						3	4	7		2	5	1
	2	9											4		9				7	
7	3	5	6	2		8		9					1	5	6			9		
2			9	1	4			6	4	8	2		9	1		6	4		8	2
9	5	4			6	1	8	2		3			7	4		2	1	6		9
		7	8	5				3	1		7		2			5	9		1	4
							4			6		1								
						6			5		4	9	3							
									8		1			2						
5		6				7	3	1	6	9		2		8	5	6		7	1	
4		3		7		8			2	4			1	9	3	4	2		8	5
				6			2	4			8		5	3	7	1		4	9	
7	6	2	1	9			4	8						7	8	2	1		3	6
	5		8			2	1										7	2	4	
8	4		2	5	6	3		9				8			4	3	6			
	7					1						5	8	4			3			7
	3		7		8	4	9									8				4
	1		5	3	9	6	8	7				1			6	7		8		9

82

				3	7		9									4				1
8					5		1	3								3	2		4	9
		9		4		7						2		4		1		6	7	
	6	8	9			3						4		7		2	9		6	
2		1			3		8							6	3	5			2	
	7					1	4								7	6	1			4
	1	5		8	9	4					5	8				7				2
7	8		5	6					8		7		4	5		9		8		7
	9		7	1	2	5	6						2	1		8			3	
						7				4			1							
						8		4	7	3				6						
							1	6		8	9									
		9		1			4	7		1			8		9					
1					7					5	4	1		7	4		5			9
						1	2		3	7				9	3	8	2		5	7
4		2	6					3				8	7						9	
9	7		8	3			5	6				9	2		7		1	5		
	8	6		5	2		7	1					1				4	3	7	2
2	9	7			3			4									9	2	4	8
		4		2	6		3						9						1	5
		3					1	2				7				2			6	

83

	9			5	7			6					1	3		9			5	8
			3		6	4	7								8					3
7	3		4	1	2		8	9				4	6			5		9	2	
5	2		6	4	8							8	7		2	1		4	6	5
6	8	4	7	3	1	2	9						4	6	9	8	5	3		2
	7	1		2			6					3	2		7	4	6	8		9
2			5				4	3		9	7			1	6				3	
9	6						5	8		2			9	7					8	
			1			9	2	7	6	1			3	4			8	7		6
						2			7	5	3		6							
									9	8		4	5							
						5		9			1		7							
	2			1	6		3		4			9	1	6	8	2			5	7
9			7	2	8	4	1		8				2	5	3	6		8		4
6	1	8			3				1		5	8	4		1					6
1	8		3		4	5	6	9					6				1		8	
		4	6		9	2	8							8	7		6	4	9	2
	9		2	8	1			7				2	7		9		8			5
8		5	1	3		9	7						5	1		8	3		7	
		9	8										9		4	1				
2			4	9		6		8						2	5	9	7	6		

84

9	3	1	5		6	4	7	2								1		7	9	
2			4	7									9		6		8		3	
6	4	7	3	1	2							5	2	8					4	
			9		3								1		7	8	6	3		
3			7			8	2							4	1	9	5	2		7
	5		8	2		3	9	6					7					8	1	9
1			6				4						6					4		1
4		2			8				6		2	4	8	1	2	6		9		5
5			2	4		1	6	3		8	7			9	4	7	1	6		
						8	3		2	7	9									
						6		9	5				7							
						7	2		1		3	9		8						
9	3			4	6		7	1					9	4	1			3		
1							8						2	5	3		9	6		
	5	6		1	3		9	2	8		5	6	3		2		8	5	9	
			6	9	4		1						4	8	6				5	3
		1	5	3								3		9	8	2	4		1	
5	6			7	1	9							6	1	5	9	3			
2	8		4		7	1								2	9		1	4		
		9				7	5	4							4		2			
3	4		1		9		6	8				4					6		8	9

85

5	4		1			8		3							4				7	
			7			2	6	4				8	7	2			3			
		3													7	2			6	8
9		6			1									7	1	3			5	
	2		6	8		9	3					2	1			9				4
	8	4			2							3			2		5	8		1
1						6	5	7			9	4			9	1	7	5		
4			5	6	7	1		9	6	3		7		8		4		9	1	3
6			2	1	9	3		8						9		5				7
							1	2		5	6		8							
						5			4	8		2	3							
						4	8			2	7		1							
4	3	9				2							4		7	9		1		
7			3					1				8			5			3	4	9
2	1	6	7						7		2	5	9		4	2	3			
5		3						2				1		7					6	
	2		9	1		3	5					4				7				3
	4				5		8	9				6		9			4	7	8	2
8	6		4			5	9					2	1		9			4		
9		2			3	4		6				7		3			1		9	6
			6		1	7	2					9						8		

86

8	6	3	1		2		4						4				3	5		2
9			6	3	4			2									4	9	3	
5		2		8		6		1				3		2	5				7	8
	2	5		6	1			8				4		5	7	8	2		9	
6		1			7		5						2	1			9			4
7	8					9	1						7			1		2		
			4	1		3	9	7						4	2	3	7		6	9
	7	8			3	1					4	2		3		9	5	1	4	7
1	3	9	5		6	8			5			7	6	9	1	4	8			
							8		2	6	7	3	9	5						
						2	3			4	5	8	7							
									1	3	8			6						
5				1			4		8			1		7	6	8	2		9	
	2	1		3	9	6		8		7		9		2	4		7	6		5
3	6					7	1	2	3				4		5	3			7	
6	9	2		7	5		8	1				4		5	2					3
				9	1		2						7		9	5		4		2
		4	2		3	5	7					2	1							
	7				4	2	3					5		4		9	3	8		
2	4	8				1	9	7				7		1	8			5	3	
9	3			2	7	8							2	3		6	5	1	4	9

87

	1				8	9		6				7	9	6		5				1
8	6	5		9	3		2	4				1			9				6	7
9	7			5	6			3					8			7		5		2
		1	9	6		2						8		7	5		9		2	3
6	4						3	5				9	6		3	8	1		4	
7	8			3	1	4	6							3						9
	3	6		4	7		9	2	8		3		7	1			5		3	4
5	2					6		7			1	2	3	8	4	9				
	9	7			5				6	7	2	5	4	9	6		3			8
							3	9			5	8	2	7						
								5	2	8	9			3						
								6	1		7									
		9		4			6	8	9		4	3			2		9	6	4	
4						2						4			8	5		2	7	
		1	6			9				1	6			2	6		4		9	3
1	8	7	5	9	2		3					1	5	7		9	6		8	
	9	2	3	6			8	7					6			8		1	3	9
		6		1	8								3		4			7	5	6
9		3		7	6			5					2	3			7	8		
6		8	4	5	1	3	7					9					8	3	2	7
7	5			3	9	6		1					7	8	1					

88

	9	1	5			6	7					6			7					4
3	4				7		9						7			3	2			9
					8	4	1	2				8	2					3	7	1
4					3	1						4					7			5
9	6	3	1					7				3	1		5	6	4			
		8			6							2			3		1	4		
		5	8	3	1	9	6		2					3	2		5	9		
	3			6		7	8		6	3		9				1	3		5	8
			4		5		2				4		5		8	4				
						1				8	2			4						
									7	4	3	8	1	5						
						4			1		6	2								
	6	4				5		7	4			3		8	6	9	1			
	7	1	8			2			5					7	5					1
		2	7					6		2					3	4	7			2
	1			2		9		3				9		3	8	7				
	2			7	4			8					8	4						3
6			1		3		2					6	7		4			8	1	9
7			4		2			1						9					2	
2	8	3			7								4	2		8				7
1		9			8	7	5					7	5				4		9	8

89

	9	3		4		7		5					4	8		9			7	
1				7			4	2						9	2	7		1		
	5	4	2	9	8	1	3	6								4				2
3	7		4	6	1	5		8				4	3		5		6		1	7
					5	2		3				7			4		2		5	8
9		5						4				5				1	7			
	4			2	9		5		2								3	2	8	6
		9			7	4		1	9	5	8	6	7		8	2	9	5	4	1
		7				3		9				8	2	5				7	3	
											9			1						
							4	6				5		7						
						5					4	2	6							
		7			4			8	4	7	3		5	6	7	4	3	2	9	
							7	5		9			3	8	9		1		7	
8	5	1	2	9	7	6	3	4	8	1	5				8	5		3		4
4	1		7		6			9				2	6		3		5	1		
2		9	3			4	6					3		5		1	2		8	6
5	6		9			8									6		7			2
	9			5		7		2						3				7		
3		5	1	7		9	4					6	4			3	9		5	
	4				9			3				9			5				6	3

90

9	1	2		8	6								5			6	3	7		9
3		6			9	2							8	6	5	4	7	2	1	
8		4		1	2			9					7					6		
		8	2		7		3						1	9			5	3	6	
	6	7		3		1	8					3	6	8				5		2
4		3		5										4		3				1
	4	9	1	2			7	3		2				1	2		6		3	7
							2		5		8		4		3			1		5
2	3	1	7		5	8	6	4			7				7	1	4	8		6
								7	1		5			3						
									2	6	3		7	8						
						4			8			1		2						
9		2			3		4		3	5	2	7		9	5	3			8	
			1	9		7	5	2				3	8	4	6					2
	7	8		2	6	3	1		7					6	7		4			
6		5			7		9	1						7		2		8	5	3
		7		1			3	5				8					7	2	6	4
	9					8	7	6					5	2	3			7		
	2	3	9	6			8					9	7	8	2		6	3	1	5
	4			7		5								5			3			
1		6	3	8			2					2				7		6	4	

91

9	8	3	1	4		2	6						7		8		6	2	4	1
						8						1	8		2	7	9			5
	7	1	2	3	8	9	5					2	5				1		7	9
						1						8		5			3			4
4	1	8			2		3	9				9	1	7		8	2	6		3
			9		1	7						6			5					
5	9	6	8	2		4				3	8		9		6		8			
	4	7	5	9	6	3	8		7				6	1	7	3				8
	3	2		1				6		4				8	9		4	5		
										2	3		8	9						
						9		3	8	6	5		7	4						
							6	8	9		4		5	3						
		2		5	1		3	9						7	5		2	9		6
		5					1		4	9	6		2		9	1				8
			9		7		5	4	3		7		1		4		8	5	3	
	4	3										7		4	3			2		
	8			2			9	6				2	8	1	6	9			5	
5	2	9		7	6	1	4	8						3		8	4			7
3	5		6	9	8		2	1				6			8	4				1
8	1	4				9	6	5						8	7		5	6	9	4
2		6			5			3				4			1		3		2	

92

		8	3	5		1	4	6					3	5			2	7	8	
				4	8	9						2	7			6		5	9	4
	2						8	3				8	9		5				2	1
8	4	6		7			1					3		2		5				
3	7					2	6	8						8					3	
					6	4	3								2	3	8			9
	8	4	9			3	7		6								9			7
1	3		8		7		5			1		7	8			2	5	1		
5		7	4							4		1	6			8	7	9	5	
							4	8		2			7	5						
						1	2		9		7									
						7	6						9	1						
5	1	9				4			2	3	1		5		4					3
					7		1	6			9	4	3	2	1	7		8	9	
6	7	4	5	8	1				5			8	1	7	9		3	2		6
	8			1		6	9					3			2	4	1			
1			6	5	2		4					2	9	8			7		5	4
2	6	7	4		8											9				
	5	6																4		
		8					6	5				1	2			3		5		
7		1	8	6	5		2					5	6	3		1			7	

93

	2	3		4	6	9								7	8	2		5		4
1	5	6		8	7	2	3						4	5	9		1			
4	7	9			2	8						8	2	1						6
2			4			7								4	5	6		8		2
3		1	7		8			9				2	6	8	1	9			5	
		8			5	3						5				4		1	6	9
5	8		2	6	4	1			4		8	7	5	6		1			8	
	3	4	8	7	1		2	6		1		4	8	9			5		2	1
6		2			3									2	6		9		4	
						2	4	8		5	3			7						
						9		5	7	4			2							
								1	9	8		5	4	3						
1	3		5		9	6	7		8	3	5				7	6	3		4	8
							5	2				8			5	2				3
4	6		7	3	2	8		9	2			6	3	5	4		9			
	4		8		3	5							5	8				9	3	4
	7	6		4	5		2					4	1	3	9	7	5	8		2
5	9	8	2	1			4	3								4			5	
		3						1							1		7	4		6
6	1				7	2	8	5				1	4	7		5	6			
8	2			5		4	3						2	6	8	9		1		5

94

					3		8	5				9		2	8		4	3		1
	5				8									8	1	3	6	7	9	
1	8	2			4	3		7				1		3	9	2				6
	9				1	7	3					2			7			9		
		8	3			1						3		6		5	1		4	
		4				6		8							3	6	9		2	5
	2	7		3	5		4	1		7	6					1	3			
4	3		8	7		5	2	6			1	7		4		9	2		1	8
9			4	1	2	8	7	3	4				1		5				3	
						1		4		3		2								
								2	1			9		3						
							8		6		9	5	4							
1				2		7		9			8	1	6	2	4			9	7	5
		8	6	3			1				7	3			5					
		9			7	2		8	9			4			9	1		8	3	6
6	2	3	7	8		9							2						6	9
4		7	5	6			8					6	7		2		1			4
5	8	1			2	6	4	7						3			5			
	4			7	6							7	3			5			1	8
7	3			5	8		9	4				5		6	1				9	
			9	4								2	1	9	7	8		6	5	

95

		3		7	5	2	4					3	7		1				8	5
7	5		9	4		8							1		3	9	2	4		
4		9	8				5	6				6	4		5	7			3	
2		1	3	5	8	9	7	4						4	2		5	6		9
9	8			1			6	2					5	6	7	1		8		4
			2		6	5	1					8	2	1		4	9	7		3
					9	1	2			8					9	2		3		
1	9			2							5		9			3		5		
	7	2	1		3	4		5	6	2		1			4	5			9	6
						2	1	8	7	9	4	3	5							
							4					8		2						
						5	3	6		1										
7	6		2		1	3	5	4		7	1	6	2		3		7	4		
					4	9		1	2	3		5	7	4	9	1		3		
5	4		6	9	3				4	5	6		3	1	4		8	5	6	
1	2			3	9			6				8			6		4	9	2	
3		5						8					9	2	8					6
	7			2			9	3							5	9		1	4	8
		4		7			3	5				7			1	4	9		3	
9			8	4	5	6	2	7				1		9	2			8	7	4
2		7	3	1		4		9							7					1

96

7		8	3	4			2	5				9				5	3	8	6	
3		6			2	8		1				5		4						7
2	5	9				3						3	6			7				2
	8	5	2			1	3							3	6	4	1			
9	3		8	1										5	3		9	1	4	6
	2	1	5	6															3	8
			9		5		1			6	7					1		4		3
5		4	6			2	7	8	9	3	4	6			4		8	2	7	
1		3					5			2	8	4		7	2	9	5	6	8	1
						5		4		9	6	3								
						1	3	2	4				9							
						7	6			1	3		4							
				5	7							5	6		2		1	9	3	8
	3	7		9	1	6	2					9		3	8	4		2		
1	9	5	2		6				6	5	9			8	3					
		1				2		4				3	4		7			5	8	2
7	5	3	6		2	9		8				2		5			4	6		9
	4					7	3	6						6						
3						4		2						9	4	1				
	7				4		8	3				8			6		3	7	9	
4			8	7		5	6	9				4	3	7	9		8			6

97

5					4	2		7				1	5		6			7		9
		3		2	6	4		5				9				1	2			
7	2		5				1	8						3		7	9	6	2	
	3			5	7			1					9					1	5	7
1				4				9						8			6		9	
				1		7		6						5	7	9				
	8	5		7	1			2			7	4					5	2	7	3
			3	6				4	2	6	1				2	4	8		1	6
2					5	1		3	4		9	5	2							4
							4				3		9	8						
							9		1	4	6		3							
							1			9										
7		2		4		8	5		9	7	4	2			7	8		9		
		5			8							8	1	7	9	5	2		3	
4	1	8	9			6				1	2				1		6			7
	2	6	8												2	1			4	6
													4		8		9	3	2	
8					5	1	6	3				1	8					5	7	
2	8		6	7			1	5				3								
6	5	7		8	3	9	4						7	8	3			4		2
			5	2			8									2		7	5	

98

8				6		5	7					4				3	9	7		2
5			4			1		2				6		3		1				8
2	3		5	8								9			4	8	2	3		1
		2	6	1				5				8	9		1	5				
		1				3	2									9		1	2	
	5	8	2	3	7	6		1				1				2	6	8	7	9
			1		4	2				9	1			8				2		
1						9	5	8		6	3		1						3	6
6				5				4					6		2	7				
										3		8								
						8		7	1	2	4	9	3							
											5	4	2							
		4			3	6	7			4		1			5				4	7
9	7					1	2		6	8			5		6	1		2	9	
3			9	7		4			3		7				3	7	4	8		
7		8	1			3		6				9		6			1		2	4
	6			9	7							4				3				
		9		4	8	2		7					1					9	3	6
4	9	7	2		5								4		8		7	1		2
				1	9							5	7				3		6	
1		3				9		2							1	4	5			

99

3				1	2	8	7	6				1				5		3	6	
	9				4	3		2				8	6			9		5	7	1
1			6	7	3			4				5		3		2	1			9
5		1		3		2		9				7	5		8				2	6
9	6			2	1	7							2	9	5					8
			7			1		5				3				6		7		
7	1	9		4	5			8		3			1			7		2		
	4		1	6				7	1	5			8	6	2	3			5	7
8				9		4			8	6				7	1			6	9	4
						1		2			6			4						
						5	4		2			7	6	1						
						8				1		3	9	2						
		8		6	3	2			6	4				8	3	2				
6	2	7	4		1	3	8	5		2		6		9	1				2	
	1	3	2	8				4	9	8		1			9	5		8	4	
8	3	4					5							2	4	9	5	3		
7		1		4	8							3			6	8		9	7	
		6		1		4						9	6		7	3	1			
	8			2									9	5	8				3	1
3	6			5	7		4	2				4								5
			8	3	4	5		6					1	7	5	4		6	9	2

100

3		2		5	9			6					8		4			3	6	1
	7	9			6	4		2				6	7					4		
	6		3	2								4	9	3		5		8		
	2			3		6	1	8				9		7						
	8	3		6		7		5						4	3			9	2	5
			5	9	8			3				5			8	9	1		4	7
1						5		9	1		8			6		8		7		
	9		6		5	3	2				7	1	5	8	7	4				6
2			9		3	8		1					4		6		2	5	8	
						7		8			2	5		1						
									8	6	9	4	7							
						6			5		1			2						
5	2		3		7		8	6	7	1	4	2	3	5	9	1	4	6	8	
	6					1		7				9			6		5			3
7	8		9	6							5				8					5
	7	5	8	3	1										2	6	7			8
1					9	8							7			4		2	5	6
				4		5	1	3						6		8			9	4
9	5		2	7	4			1					9				6	8		
6				8	3	2	9					8		3		2	1	5		9
	1	3	5	9								5	6					4		2

Solutions

1

6	2	9	7	3	5	1	8	4
4	3	5	8	1	6	9	7	2
7	8	1	2	9	4	3	6	5
5	1	6	4	8	3	2	9	7
9	4	2	5	7	1	8	3	6
8	7	3	6	2	9	5	4	1
3	6	7	1	5	8	4	2	9
2	5	8	9	4	7	6	1	3
1	9	4	3	6	2	7	5	8

2

4	5	8	6	1	3	9	2	7
7	3	2	4	8	9	5	1	6
6	9	1	2	7	5	4	3	8
9	8	5	3	4	7	1	6	2
3	2	4	1	9	6	7	8	5
1	6	7	5	2	8	3	9	4
5	4	9	8	6	1	2	7	3
2	1	6	7	3	4	8	5	9
8	7	3	9	5	2	6	4	1

3

1	4	2	3	5	8	9	7	6
6	7	3	4	2	9	8	5	1
8	5	9	7	1	6	2	4	3
4	8	6	5	9	1	7	3	2
2	3	7	6	8	4	5	1	9
5	9	1	2	3	7	4	6	8
9	6	5	8	4	3	1	2	7
7	2	8	1	6	5	3	9	4
3	1	4	9	7	2	6	8	5

4

6	8	5	4	2	1	7	9	3
9	1	3	6	8	7	5	2	4
4	7	2	9	3	5	6	1	8
2	5	9	1	6	4	8	3	7
1	6	8	7	5	3	2	4	9
7	3	4	8	9	2	1	6	5
5	9	7	3	1	6	4	8	2
8	4	6	2	7	9	3	5	1
3	2	1	5	4	8	9	7	6

5

1	2	3	6	8	5	7	4	9
4	5	7	1	9	3	6	2	8
9	8	6	2	7	4	1	5	3
3	4	8	9	6	1	2	7	5
6	9	2	7	5	8	3	1	4
7	1	5	3	4	2	9	8	6
2	7	4	5	3	6	8	9	1
8	6	1	4	2	9	5	3	7
5	3	9	8	1	7	4	6	2

6

2	8	4	1	7	3	6	5	9
3	9	1	4	6	5	2	7	8
5	6	7	9	2	8	1	3	4
8	1	2	3	4	9	7	6	5
6	4	9	7	5	2	3	8	1
7	3	5	6	8	1	9	4	2
9	7	8	2	3	4	5	1	6
1	5	6	8	9	7	4	2	3
4	2	3	5	1	6	8	9	7

Solutions

7

9	8	3	6	4	7	2	1	5
4	1	6	5	2	3	8	7	9
5	7	2	8	1	9	3	4	6
3	5	7	1	9	6	4	2	8
1	4	8	2	7	5	6	9	3
2	6	9	3	8	4	1	5	7
7	3	1	4	5	8	9	6	2
6	2	5	9	3	1	7	8	4
8	9	4	7	6	2	5	3	1

8

2	7	3	6	9	5	8	4	1
4	5	1	8	7	3	9	6	2
8	6	9	2	4	1	3	7	5
3	1	7	9	2	4	5	8	6
5	8	4	3	6	7	1	2	9
9	2	6	5	1	8	4	3	7
7	9	8	1	3	2	6	5	4
1	4	5	7	8	6	2	9	3
6	3	2	4	5	9	7	1	8

9

7	3	8	2	1	5	9	4	6
9	1	4	6	8	7	5	3	2
6	5	2	3	4	9	7	8	1
5	6	3	9	7	4	2	1	8
8	2	7	1	3	6	4	9	5
1	4	9	5	2	8	3	6	7
3	7	6	8	9	2	1	5	4
2	8	1	4	5	3	6	7	9
4	9	5	7	6	1	8	2	3

10

9	8	5	3	1	4	7	6	2
3	4	6	7	2	8	9	5	1
1	7	2	9	5	6	8	4	3
2	6	8	5	7	9	1	3	4
4	3	1	6	8	2	5	7	9
5	9	7	4	3	1	2	8	6
7	2	3	1	6	5	4	9	8
8	5	9	2	4	3	6	1	7
6	1	4	8	9	7	3	2	5

11

7	4	5	9	2	3	6	1	8
2	3	8	5	1	6	4	9	7
6	1	9	8	4	7	3	5	2
9	2	4	6	3	8	5	7	1
3	6	7	1	5	9	8	2	4
8	5	1	4	7	2	9	6	3
4	7	2	3	6	5	1	8	9
1	8	6	2	9	4	7	3	5
5	9	3	7	8	1	2	4	6

12

1	8	9	2	4	6	7	5	3
7	3	2	8	9	5	6	4	1
6	5	4	3	1	7	9	2	8
9	1	6	5	7	4	8	3	2
5	4	8	9	2	3	1	7	6
3	2	7	1	6	8	4	9	5
4	9	3	6	8	2	5	1	7
2	6	1	7	5	9	3	8	4
8	7	5	4	3	1	2	6	9

Solutions

13

1	3	9	5	4	2	7	6	8
4	2	8	7	6	9	3	5	1
5	6	7	3	8	1	4	9	2
2	9	4	8	1	7	6	3	5
8	1	3	6	9	5	2	7	4
7	5	6	4	2	3	8	1	9
3	4	2	9	5	6	1	8	7
9	7	1	2	3	8	5	4	6
6	8	5	1	7	4	9	2	3

14

3	8	4	5	9	6	2	1	7
6	7	9	3	1	2	8	5	4
1	5	2	7	8	4	9	3	6
9	2	3	8	6	7	1	4	5
4	6	8	1	5	3	7	2	9
5	1	7	2	4	9	6	8	3
2	3	6	4	7	1	5	9	8
7	4	5	9	2	8	3	6	1
8	9	1	6	3	5	4	7	2

15

4	2	3	5	9	6	7	1	8
7	9	6	2	1	8	3	5	4
8	5	1	7	3	4	2	9	6
6	1	9	3	2	5	4	8	7
3	4	2	8	7	1	9	6	5
5	8	7	6	4	9	1	3	2
2	3	5	1	6	7	8	4	9
9	7	8	4	5	3	6	2	1
1	6	4	9	8	2	5	7	3

16

5	1	3	2	6	9	8	7	4
9	2	8	5	7	4	6	1	3
6	7	4	8	1	3	9	5	2
7	6	9	4	2	5	1	3	8
4	3	5	9	8	1	7	2	6
2	8	1	7	3	6	4	9	5
3	5	6	1	9	8	2	4	7
1	4	2	6	5	7	3	8	9
8	9	7	3	4	2	5	6	1

17

2	6	7	5	1	4	9	8	3
9	1	3	6	2	8	7	4	5
8	5	4	9	7	3	6	2	1
1	3	9	4	8	7	5	6	2
5	4	2	1	6	9	8	3	7
6	7	8	3	5	2	1	9	4
7	9	5	2	4	6	3	1	8
3	2	1	8	9	5	4	7	6
4	8	6	7	3	1	2	5	9

18

7	6	8	9	3	1	5	4	2
2	3	9	6	5	4	1	8	7
4	5	1	2	8	7	6	3	9
1	4	3	7	2	6	8	9	5
8	2	6	5	1	9	3	7	4
5	9	7	8	4	3	2	6	1
3	8	4	1	7	5	9	2	6
9	1	2	4	6	8	7	5	3
6	7	5	3	9	2	4	1	8

Solutions

19

8	2	3	7	4	6	1	5	9
5	1	6	3	8	9	4	7	2
4	7	9	1	2	5	8	3	6
2	5	4	9	6	3	7	8	1
3	9	1	8	7	2	6	4	5
7	6	8	4	5	1	2	9	3
9	4	5	6	1	8	3	2	7
6	3	7	2	9	4	5	1	8
1	8	2	5	3	7	9	6	4

20

1	2	4	5	9	6	3	8	7
7	6	8	4	3	1	5	9	2
5	9	3	7	8	2	4	6	1
4	1	2	8	6	3	7	5	9
8	5	6	9	4	7	1	2	3
9	3	7	2	1	5	8	4	6
3	8	5	1	2	9	6	7	4
2	4	1	6	7	8	9	3	5
6	7	9	3	5	4	2	1	8

21

2	9	8	3	1	7	5	6	4
4	5	1	8	2	6	3	9	7
7	6	3	4	9	5	8	2	1
9	2	6	1	4	3	7	8	5
1	8	7	2	5	9	4	3	6
3	4	5	6	7	8	2	1	9
8	7	4	9	6	2	1	5	3
5	3	9	7	8	1	6	4	2
6	1	2	5	3	4	9	7	8

22

2	9	4	6	3	5	7	8	1
3	1	6	2	8	7	4	9	5
7	5	8	1	4	9	6	3	2
9	4	3	8	6	2	1	5	7
6	8	7	5	1	3	2	4	9
1	2	5	7	9	4	8	6	3
5	3	2	4	7	6	9	1	8
4	7	1	9	5	8	3	2	6
8	6	9	3	2	1	5	7	4

23

6	5	7	2	3	9	4	8	1
1	9	4	8	7	6	2	3	5
2	3	8	1	5	4	6	9	7
8	1	9	4	6	2	5	7	3
3	6	5	7	1	8	9	2	4
4	7	2	3	9	5	8	1	6
9	4	3	6	8	7	1	5	2
5	2	1	9	4	3	7	6	8
7	8	6	5	2	1	3	4	9

24

1	7	3	2	8	9	4	6	5
9	4	8	5	6	1	2	3	7
6	5	2	4	3	7	8	1	9
2	6	9	8	1	4	5	7	3
5	3	7	6	9	2	1	8	4
4	8	1	3	7	5	6	9	2
8	9	4	1	5	3	7	2	6
3	2	6	7	4	8	9	5	1
7	1	5	9	2	6	3	4	8

Solutions

25

7	1	5	3	4	8	6	2	9
8	9	2	1	5	6	7	3	4
6	3	4	2	7	9	8	1	5
1	6	9	7	8	2	5	4	3
2	7	3	5	9	4	1	6	8
5	4	8	6	1	3	2	9	7
9	2	1	8	3	7	4	5	6
3	5	7	4	6	1	9	8	2
4	8	6	9	2	5	3	7	1

26

3	2	9	5	1	4	6	7	8						
6	8	4	2	9	7	5	3	1						
7	1	5	6	8	3	2	4	9						
5	4	7	8	2	1	3	9	6						
9	6	1	3	4	5	8	2	7						
8	3	2	7	6	9	1	5	4						
1	9	8	4	3	2	7	6	5	3	4	2	9	1	8
4	7	3	1	5	6	9	8	2	1	6	5	3	4	7
2	5	6	9	7	8	4	1	3	7	8	9	2	5	6
						5	2	6	9	1	4	8	7	3
						3	7	8	2	5	6	4	9	1
						1	4	9	8	7	3	5	6	2
						8	3	1	5	9	7	6	2	4
						2	5	4	6	3	1	7	8	9
						6	9	7	4	2	8	1	3	5

27

						6	7	1	8	5	2	9	4	3
						4	8	2	9	7	3	5	1	6
						3	9	5	1	4	6	7	2	8
						5	3	6	7	1	8	2	9	4
						7	4	8	2	3	9	6	5	1
						1	2	9	4	6	5	8	3	7
4	7	5	2	8	6	9	1	3	5	8	7	4	6	2
9	3	8	5	4	1	2	6	7	3	9	4	1	8	5
1	6	2	3	7	9	8	5	4	6	2	1	3	7	9
7	8	4	9	2	5	1	3	6						
5	1	9	6	3	4	7	2	8						
6	2	3	8	1	7	4	9	5						
2	5	1	4	6	8	3	7	9						
3	4	6	7	9	2	5	8	1						
8	9	7	1	5	3	6	4	2						

Solutions

28

9	2	4	7	8	6	1	5	3						
5	7	8	1	3	2	6	9	4						
6	1	3	9	4	5	7	8	2						
4	3	5	6	9	8	2	1	7						
2	8	7	5	1	4	3	6	9						
1	9	6	2	7	3	8	4	5						
8	4	1	3	2	9	5	7	6	2	9	4	3	1	8
3	5	9	8	6	7	4	2	1	3	8	7	6	5	9
7	6	2	4	5	1	9	3	8	5	6	1	7	4	2
						1	8	5	9	4	6	2	7	3
						2	4	7	1	3	8	5	9	6
						6	9	3	7	5	2	1	8	4
						8	5	9	6	1	3	4	2	7
						7	6	4	8	2	5	9	3	1
						3	1	2	4	7	9	8	6	5

29

						4	2	6	3	7	1	8	9	5
						9	1	8	6	4	5	2	3	7
						3	7	5	2	9	8	4	1	6
						6	3	9	8	1	7	5	2	4
						1	4	2	9	5	6	7	8	3
						8	5	7	4	2	3	1	6	9
4	7	2	1	8	6	5	9	3	1	8	4	6	7	2
1	6	9	7	5	3	2	8	4	7	6	9	3	5	1
5	3	8	9	2	4	7	6	1	5	3	2	9	4	8
2	4	6	5	7	9	3	1	8						
9	8	5	3	6	1	4	2	7						
7	1	3	2	4	8	9	5	6						
6	2	1	4	9	7	8	3	5						
3	9	4	8	1	5	6	7	2						
8	5	7	6	3	2	1	4	9						

30

						1	6	8	5	9	3	7	4	2
						7	4	9	6	8	2	1	3	5
						3	5	2	1	7	4	9	8	6
						2	7	5	4	3	6	8	9	1
						8	1	6	9	2	7	3	5	4
						4	9	3	8	1	5	6	2	7
8	5	3	7	6	1	9	2	4	3	6	1	5	7	8
9	7	6	3	2	4	5	8	1	7	4	9	2	6	3
4	2	1	9	5	8	6	3	7	2	5	8	4	1	9
7	4	8	6	9	5	3	1	2						
2	6	5	1	3	7	4	9	8						
3	1	9	4	8	2	7	5	6						
6	8	2	5	7	9	1	4	3						
5	3	4	8	1	6	2	7	9						
1	9	7	2	4	3	8	6	5						

31

						5	2	8	4	1	6	9	3	7
						4	3	1	2	9	7	5	8	6
						9	7	6	3	5	8	1	2	4
						3	8	2	5	6	1	7	4	9
						6	1	9	7	4	2	8	5	3
						7	4	5	8	3	9	6	1	2
5	3	7	9	8	2	1	6	4	9	2	5	3	7	8
1	2	9	7	4	6	8	5	3	6	7	4	2	9	1
8	4	6	3	5	1	2	9	7	1	8	3	4	6	5
2	6	5	1	3	9	7	4	8						
9	1	4	2	7	8	5	3	6						
7	8	3	5	6	4	9	1	2						
4	9	1	8	2	3	6	7	5						
3	5	2	6	1	7	4	8	9						
6	7	8	4	9	5	3	2	1						

Solutions

32

						7	3	2	9	6	5	8	1	4
						5	1	6	2	8	4	7	9	3
						8	4	9	7	3	1	5	2	6
						3	8	4	5	2	9	6	7	1
						9	7	5	3	1	6	2	4	8
						2	6	1	8	4	7	9	3	5
1	2	9	7	6	8	4	5	3	6	7	2	1	8	9
6	3	8	2	4	5	1	9	7	4	5	8	3	6	2
5	7	4	1	9	3	6	2	8	1	9	3	4	5	7
7	8	6	4	5	1	2	3	9						
9	5	1	3	8	2	7	4	6						
3	4	2	9	7	6	8	1	5						
2	9	5	6	1	7	3	8	4						
8	1	7	5	3	4	9	6	2						
4	6	3	8	2	9	5	7	1						

33

						2	3	6	9	5	4	1	7	8
						9	1	5	6	7	8	4	2	3
						4	8	7	1	2	3	9	6	5
						7	2	3	4	9	6	8	5	1
						6	4	9	8	1	5	2	3	7
						8	5	1	2	3	7	6	4	9
3	4	8	7	1	9	5	6	2	3	8	9	7	1	4
2	5	9	3	4	6	1	7	8	5	4	2	3	9	6
7	6	1	8	2	5	3	9	4	7	6	1	5	8	2
1	8	6	5	3	4	7	2	9						
4	2	5	9	7	1	8	3	6						
9	3	7	6	8	2	4	1	5						
8	1	2	4	6	7	9	5	3						
6	9	4	1	5	3	2	8	7						
5	7	3	2	9	8	6	4	1						

34

						4	7	3	8	5	9	2	1	6
						8	2	5	4	1	6	9	3	7
						6	1	9	2	3	7	4	8	5
						5	4	6	3	9	8	1	7	2
						1	9	8	7	2	5	6	4	3
						2	3	7	6	4	1	5	9	8
2	5	8	1	3	7	9	6	4	5	7	3	8	2	1
1	9	7	8	4	6	3	5	2	1	8	4	7	6	9
4	3	6	2	9	5	7	8	1	9	6	2	3	5	4
8	7	3	5	2	4	1	9	6						
5	4	9	6	1	3	2	7	8						
6	1	2	7	8	9	4	3	5						
9	2	1	3	5	8	6	4	7						
3	6	5	4	7	2	8	1	9						
7	8	4	9	6	1	5	2	3						

35

9	7	3	2	1	6	5	4	8						
2	4	1	7	8	5	6	9	3						
8	6	5	3	9	4	1	7	2						
4	8	7	9	6	2	3	1	5						
3	2	6	4	5	1	7	8	9						
5	1	9	8	3	7	4	2	6						
6	3	4	1	2	9	8	5	7	6	2	3	1	4	9
7	5	2	6	4	8	9	3	1	4	8	7	6	5	2
1	9	8	5	7	3	2	6	4	5	9	1	7	8	3
						5	1	8	2	7	9	3	6	4
						4	7	3	1	6	8	9	2	5
						6	9	2	3	4	5	8	7	1
						1	2	5	7	3	6	4	9	8
						3	8	6	9	5	4	2	1	7
						7	4	9	8	1	2	5	3	6

Solutions

36

7	5	2	6	1	3	8	9	4						
4	1	9	8	7	2	5	6	3						
6	3	8	5	4	9	1	2	7						
1	8	5	2	9	7	3	4	6						
9	6	4	3	5	8	2	7	1						
2	7	3	1	6	4	9	8	5						
8	9	7	4	3	1	6	5	2	3	1	4	8	9	7
5	2	1	7	8	6	4	3	9	7	8	2	5	1	6
3	4	6	9	2	5	7	1	8	5	9	6	4	2	3
						1	9	5	2	6	8	7	3	4
						8	7	4	1	3	9	2	6	5
						2	6	3	4	5	7	1	8	9
						3	2	1	9	4	5	6	7	8
						5	8	7	6	2	3	9	4	1
						9	4	6	8	7	1	3	5	2

37

3	1	6	2	5	7	4	8	9						
8	7	2	9	4	6	1	5	3						
9	5	4	3	8	1	2	6	7						
6	3	5	7	1	4	9	2	8						
4	9	8	6	2	3	7	1	5						
7	2	1	8	9	5	3	4	6						
5	8	3	4	7	2	6	9	1	7	5	4	2	8	3
2	6	9	1	3	8	5	7	4	8	3	2	1	6	9
1	4	7	5	6	9	8	3	2	6	9	1	5	4	7
						2	4	5	1	7	3	8	9	6
						9	6	3	2	8	5	7	1	4
						1	8	7	4	6	9	3	2	5
						3	5	8	9	1	6	4	7	2
						4	1	6	3	2	7	9	5	8
						7	2	9	5	4	8	6	3	1

38

4	6	5	3	1	9	2	8	7						
1	2	3	8	4	7	6	5	9						
7	9	8	2	6	5	3	1	4						
9	7	1	5	8	2	4	6	3						
2	5	6	4	9	3	8	7	1						
3	8	4	6	7	1	5	9	2						
6	1	2	7	5	4	9	3	8	6	4	1	5	7	2
5	3	9	1	2	8	7	4	6	2	5	8	9	3	1
8	4	7	9	3	6	1	2	5	9	3	7	8	6	4
						8	5	3	7	1	9	2	4	6
						6	7	4	8	2	3	1	5	9
						2	9	1	5	6	4	7	8	3
						5	1	9	4	7	6	3	2	8
						3	6	2	1	8	5	4	9	7
						4	8	7	3	9	2	6	1	5

39

						7	3	6	2	9	1	5	8	4
						5	9	1	6	4	8	7	2	3
						4	8	2	5	7	3	6	1	9
						1	5	8	9	2	6	4	3	7
						6	7	3	4	1	5	8	9	2
						2	4	9	3	8	7	1	5	6
3	2	1	9	7	4	8	6	5	7	3	2	9	4	1
7	6	9	2	5	8	3	1	4	8	6	9	2	7	5
8	4	5	3	6	1	9	2	7	1	5	4	3	6	8
5	1	7	6	9	3	2	4	8						
9	8	6	4	2	5	1	7	3						
4	3	2	1	8	7	6	5	9						
1	9	3	7	4	6	5	8	2						
2	5	4	8	1	9	7	3	6						
6	7	8	5	3	2	4	9	1						

Solutions

40

						7	6	1	2	3	5	8	4	9
						2	4	3	6	8	9	5	7	1
						5	9	8	4	7	1	3	6	2
						3	8	9	5	6	7	2	1	4
						6	7	2	1	4	8	9	3	5
						4	1	5	9	2	3	7	8	6
2	5	7	8	6	9	1	3	4	7	9	2	6	5	8
8	3	6	2	1	4	9	5	7	8	1	6	4	2	3
9	4	1	5	7	3	8	2	6	3	5	4	1	9	7
4	6	3	1	2	8	5	7	9						
7	8	2	9	3	5	4	6	1						
5	1	9	6	4	7	2	8	3						
3	2	8	4	9	6	7	1	5						
6	9	5	7	8	1	3	4	2						
1	7	4	3	5	2	6	9	8						

41

						7	2	8	4	9	5	3	1	6
						5	9	1	3	2	6	8	7	4
						3	6	4	8	1	7	5	2	9
						1	7	9	2	6	8	4	3	5
						8	4	6	5	7	3	1	9	2
						2	5	3	1	4	9	7	6	8
6	4	5	1	8	7	9	3	2	7	8	4	6	5	1
2	7	1	4	3	9	6	8	5	9	3	1	2	4	7
9	8	3	6	5	2	4	1	7	6	5	2	9	8	3
3	9	2	5	1	4	8	7	6						
8	5	4	7	6	3	1	2	9						
7	1	6	9	2	8	5	4	3						
5	3	8	2	4	6	7	9	1						
1	2	9	8	7	5	3	6	4						
4	6	7	3	9	1	2	5	8						

42

1	5	9	4	6	8	2	7	3						
4	3	2	7	1	9	8	5	6						
8	7	6	5	2	3	4	9	1						
3	9	4	6	8	5	1	2	7						
2	8	5	1	3	7	6	4	9						
6	1	7	2	9	4	5	3	8						
7	6	8	9	5	2	3	1	4	2	5	6	8	7	9
9	2	3	8	4	1	7	6	5	9	8	4	3	2	1
5	4	1	3	7	6	9	8	2	3	1	7	4	5	6
						2	5	1	7	3	8	6	9	4
						8	7	6	4	9	5	2	1	3
						4	3	9	6	2	1	7	8	5
						5	9	3	8	6	2	1	4	7
						6	4	8	1	7	9	5	3	2
						1	2	7	5	4	3	9	6	8

43

8	2	5	1	9	4	6	3	7						
9	1	7	6	2	3	4	8	5						
4	6	3	8	7	5	9	1	2						
5	9	6	2	3	7	1	4	8						
3	7	4	5	1	8	2	6	9						
2	8	1	9	4	6	5	7	3						
6	3	9	4	8	2	7	5	1	8	6	9	4	3	2
7	5	2	3	6	1	8	9	4	3	2	5	6	7	1
1	4	8	7	5	9	3	2	6	7	1	4	9	5	8
						9	6	7	1	5	8	2	4	3
						2	4	5	9	3	6	1	8	7
						1	8	3	4	7	2	5	9	6
						6	3	2	5	9	7	8	1	4
						5	7	8	2	4	1	3	6	9
						4	1	9	6	8	3	7	2	5

Solutions

44

						1	8	5	6	9	2	4	3	7
						6	4	9	7	5	3	1	8	2
						2	3	7	8	1	4	5	6	9
						9	2	4	1	3	7	6	5	8
						5	1	6	9	4	8	7	2	3
						8	7	3	5	2	6	9	4	1
2	5	7	3	8	9	4	6	1	2	8	9	3	7	5
6	9	3	2	4	1	7	5	8	3	6	1	2	9	4
4	8	1	6	7	5	3	9	2	4	7	5	8	1	6
7	1	5	9	3	6	8	2	4						
3	6	8	4	2	7	9	1	5						
9	2	4	5	1	8	6	7	3						
1	4	2	7	6	3	5	8	9						
5	3	6	8	9	2	1	4	7						
8	7	9	1	5	4	2	3	6						

45

9	3	2	6	5	7	1	4	8						
7	8	4	1	2	9	3	5	6						
6	5	1	8	3	4	2	9	7						
3	9	8	4	7	6	5	1	2						
2	7	5	3	9	1	6	8	4						
4	1	6	2	8	5	9	7	3						
1	2	9	7	6	8	4	3	5	8	9	7	2	1	6
8	4	3	5	1	2	7	6	9	2	1	5	3	8	4
5	6	7	9	4	3	8	2	1	4	3	6	7	5	9
						1	9	4	5	8	3	6	7	2
						6	5	3	7	2	1	4	9	8
						2	8	7	6	4	9	5	3	1
						5	7	2	1	6	8	9	4	3
						3	4	8	9	7	2	1	6	5
						9	1	6	3	5	4	8	2	7

46

7	9	8	2	6	3	4	1	5						
6	1	4	8	5	9	3	7	2						
3	2	5	4	1	7	6	9	8						
9	3	7	6	8	4	5	2	1						
1	8	2	7	3	5	9	4	6						
4	5	6	1	9	2	7	8	3						
8	7	9	5	2	6	1	3	4	8	2	6	7	5	9
5	4	1	3	7	8	2	6	9	5	7	3	8	4	1
2	6	3	9	4	1	8	5	7	9	4	1	2	6	3
						3	4	8	1	6	7	5	9	2
						6	9	5	2	3	8	4	1	7
						7	2	1	4	9	5	6	3	8
						4	7	2	6	1	9	3	8	5
						5	1	3	7	8	4	9	2	6
						9	8	6	3	5	2	1	7	4

47

						4	5	2	7	8	9	6	1	3
						7	3	6	1	4	5	2	9	8
						8	1	9	2	6	3	5	4	7
						2	8	3	9	5	1	4	7	6
						9	4	1	6	7	2	8	3	5
						5	6	7	4	3	8	1	2	9
1	2	8	5	7	6	3	9	4	8	2	6	7	5	1
6	3	5	2	9	4	1	7	8	5	9	4	3	6	2
7	4	9	3	1	8	6	2	5	3	1	7	9	8	4
3	6	7	4	5	2	9	8	1						
5	1	2	8	6	9	4	3	7						
9	8	4	1	3	7	5	6	2						
4	7	6	9	2	5	8	1	3						
2	5	1	6	8	3	7	4	9						
8	9	3	7	4	1	2	5	6						

Solutions

48

1	3	9	2	7	8	5	6	4						
6	8	2	3	5	4	1	7	9						
4	7	5	6	1	9	2	8	3						
2	6	7	8	3	1	4	9	5						
9	1	8	4	6	5	7	3	2						
5	4	3	9	2	7	6	1	8						
7	2	6	5	8	3	9	4	1	7	5	2	8	3	6
8	5	4	1	9	6	3	2	7	8	6	9	1	5	4
3	9	1	7	4	2	8	5	6	4	1	3	2	9	7
						1	6	5	3	2	7	4	8	9
						7	3	4	9	8	6	5	2	1
						2	8	9	5	4	1	7	6	3
						5	9	2	6	7	4	3	1	8
						6	7	8	1	3	5	9	4	2
						4	1	3	2	9	8	6	7	5

49

3	2	1	7	4	8	6	9	5						
9	8	7	3	6	5	2	1	4						
5	4	6	2	1	9	3	8	7						
1	6	8	5	7	2	4	3	9						
2	3	5	1	9	4	7	6	8						
4	7	9	6	8	3	1	5	2						
8	1	2	4	5	6	9	7	3	2	5	6	4	8	1
6	5	4	9	3	7	8	2	1	4	9	3	6	5	7
7	9	3	8	2	1	5	4	6	7	8	1	3	9	2
						2	6	7	9	1	4	5	3	8
						4	1	8	5	3	7	2	6	9
						3	9	5	6	2	8	7	1	4
						7	3	4	8	6	9	1	2	5
						1	5	9	3	4	2	8	7	6
						6	8	2	1	7	5	9	4	3

50

1	7	8	5	9	3	6	2	4						
2	3	9	4	6	7	1	8	5						
5	4	6	1	8	2	9	7	3						
3	8	1	7	5	4	2	9	6						
4	9	7	6	2	8	5	3	1						
6	2	5	3	1	9	7	4	8						
8	5	2	9	4	6	3	1	7	2	8	5	9	4	6
9	1	3	8	7	5	4	6	2	9	3	7	5	8	1
7	6	4	2	3	1	8	5	9	1	4	6	7	2	3
						9	2	1	5	7	4	3	6	8
						6	7	3	8	1	2	4	5	9
						5	8	4	6	9	3	2	1	7
						2	3	8	7	5	1	6	9	4
						7	9	6	4	2	8	1	3	5
						1	4	5	3	6	9	8	7	2

51

						7	5	6	1	4	9	8	3	2						
						3	2	9	5	8	7	1	4	6						
						4	1	8	2	6	3	9	5	7						
						1	4	7	3	9	5	6	2	8						
						2	6	5	4	1	8	3	7	9						
						8	9	3	7	2	6	4	1	5						
9	5	8	3	1	2	6	7	4	8	5	1	2	9	3	4	7	8	5	1	6
1	3	7	9	4	6	5	8	2	9	3	4	7	6	1	5	2	9	3	8	4
2	6	4	7	5	8	9	3	1	6	7	2	5	8	4	6	3	1	9	7	2
7	8	5	2	9	4	3	1	6				4	3	6	9	8	7	1	2	5
4	9	6	1	8	3	2	5	7				1	5	7	2	6	3	4	9	8
3	2	1	6	7	5	4	9	8				8	2	9	1	5	4	6	3	7
6	1	2	8	3	9	7	4	5				6	7	2	3	9	5	8	4	1
5	7	3	4	6	1	8	2	9				9	4	8	7	1	6	2	5	3
8	4	9	5	2	7	1	6	3				3	1	5	8	4	2	7	6	9

52

						7	1	5	4	6	9	2	3	8						
						8	2	3	5	1	7	4	9	6						
						9	6	4	8	2	3	1	7	5						
						2	4	1	3	7	5	8	6	9						
						5	7	8	6	9	4	3	1	2						
						3	9	6	2	8	1	5	4	7						
5	7	1	3	4	2	6	8	9	1	3	2	7	5	4	6	1	2	9	8	3
9	8	6	1	5	7	4	3	2	7	5	6	9	8	1	3	7	4	5	6	2
4	3	2	8	9	6	1	5	7	9	4	8	6	2	3	5	8	9	4	1	7
8	1	4	2	3	9	7	6	5				4	3	7	2	6	8	1	5	9
3	9	7	6	1	5	2	4	8				1	9	5	4	3	7	8	2	6
6	2	5	7	8	4	9	1	3				2	6	8	9	5	1	7	3	4
2	5	8	9	6	1	3	7	4				5	4	6	1	9	3	2	7	8
1	4	9	5	7	3	8	2	6				8	1	9	7	2	6	3	4	5
7	6	3	4	2	8	5	9	1				3	7	2	8	4	5	6	9	1

53

						4	9	3	6	5	1	7	8	2						
						8	2	7	4	3	9	6	1	5						
						1	6	5	7	8	2	4	3	9						
						3	5	6	2	1	4	8	9	7						
						2	1	4	9	7	8	3	5	6						
						7	8	9	5	6	3	2	4	1						
2	4	9	6	3	1	5	7	8	1	4	6	9	2	3	6	8	1	4	7	5
3	6	7	2	8	5	9	4	1	3	2	7	5	6	8	7	4	9	1	3	2
8	5	1	7	4	9	6	3	2	8	9	5	1	7	4	2	5	3	6	8	9
5	3	4	1	9	7	2	8	6				7	8	2	5	3	4	9	6	1
1	9	8	3	6	2	7	5	4				6	3	1	9	7	2	5	4	8
7	2	6	8	5	4	1	9	3				4	5	9	1	6	8	3	2	7
9	1	5	4	2	8	3	6	7				3	1	6	8	2	5	7	9	4
4	7	3	5	1	6	8	2	9				8	4	5	3	9	7	2	1	6
6	8	2	9	7	3	4	1	5				2	9	7	4	1	6	8	5	3

54

						5	1	9	3	8	2	7	4	6						
						3	2	8	7	4	6	9	1	5						
						7	4	6	5	1	9	3	8	2						
						2	7	4	9	6	5	8	3	1						
						1	6	3	4	7	8	2	5	9						
						9	8	5	1	2	3	6	7	4						
8	9	5	1	7	6	4	3	2	6	5	7	1	9	8	7	3	4	6	5	2
2	7	3	8	5	4	6	9	1	8	3	4	5	2	7	6	8	9	1	3	4
4	1	6	3	2	9	8	5	7	2	9	1	4	6	3	2	1	5	8	7	9
6	5	8	9	3	7	1	2	4				6	3	2	9	5	8	7	4	1
9	4	7	2	1	8	5	6	3				8	4	9	1	7	2	5	6	3
3	2	1	6	4	5	7	8	9				7	5	1	4	6	3	9	2	8
1	8	4	5	9	2	3	7	6				9	1	6	3	2	7	4	8	5
7	6	2	4	8	3	9	1	5				2	7	5	8	4	1	3	9	6
5	3	9	7	6	1	2	4	8				3	8	4	5	9	6	2	1	7

55

						6	2	9	3	7	1	4	5	8						
						7	4	5	2	6	8	1	3	9						
						1	8	3	4	5	9	7	2	6						
						4	9	7	6	2	5	3	8	1						
						5	1	2	8	3	4	6	9	7						
						8	3	6	1	9	7	5	4	2						
8	9	1	7	3	5	2	6	4	9	1	3	8	7	5	3	4	2	1	6	9
7	6	4	9	8	2	3	5	1	7	8	2	9	6	4	1	5	8	3	7	2
2	5	3	4	1	6	9	7	8	5	4	6	2	1	3	9	7	6	5	4	8
3	2	6	1	7	4	5	8	9				4	3	7	2	9	5	8	1	6
9	7	8	5	6	3	1	4	2				5	8	2	6	1	4	9	3	7
1	4	5	2	9	8	7	3	6				1	9	6	8	3	7	2	5	4
4	3	2	8	5	1	6	9	7				3	4	8	7	2	1	6	9	5
5	8	7	6	2	9	4	1	3				7	2	9	5	6	3	4	8	1
6	1	9	3	4	7	8	2	5				6	5	1	4	8	9	7	2	3

56

						1	6	3	2	7	8	9	5	4						
						9	8	2	4	5	1	6	7	3						
						5	7	4	3	6	9	1	2	8						
						7	1	8	9	4	3	5	6	2						
						3	9	6	5	8	2	4	1	7						
						4	2	5	6	1	7	3	8	9						
6	1	2	7	3	4	8	5	9	7	3	6	2	4	1	6	5	8	9	3	7
4	8	7	2	9	5	6	3	1	8	2	4	7	9	5	3	1	2	6	8	4
5	3	9	1	8	6	2	4	7	1	9	5	8	3	6	4	7	9	2	5	1
8	9	4	6	1	3	5	7	2				6	5	7	9	2	3	4	1	8
1	6	3	5	2	7	4	9	8				4	2	9	1	8	5	3	7	6
7	2	5	9	4	8	3	1	6				1	8	3	7	4	6	5	2	9
9	5	6	3	7	2	1	8	4				3	7	4	5	9	1	8	6	2
2	4	1	8	5	9	7	6	3				9	6	2	8	3	7	1	4	5
3	7	8	4	6	1	9	2	5				5	1	8	2	6	4	7	9	3

57

						8	7	4	5	9	3	2	1	6						
						1	5	2	6	7	4	9	8	3						
						6	3	9	8	1	2	7	4	5						
						7	9	8	3	4	6	5	2	1						
						4	6	5	1	2	7	8	3	9						
						2	1	3	9	5	8	6	7	4						
7	2	4	5	1	3	9	8	6	7	3	1	4	5	2	9	1	7	6	3	8
1	9	5	2	8	6	3	4	7	2	6	5	1	9	8	3	6	4	7	5	2
8	3	6	7	4	9	5	2	1	4	8	9	3	6	7	8	5	2	9	1	4
4	1	9	3	2	5	6	7	8				5	2	4	7	9	1	3	8	6
3	6	2	9	7	8	1	5	4				6	8	1	2	3	5	4	7	9
5	8	7	4	6	1	2	3	9				9	7	3	4	8	6	1	2	5
9	7	3	1	5	4	8	6	2				2	3	9	1	4	8	5	6	7
2	5	8	6	9	7	4	1	3				7	1	5	6	2	9	8	4	3
6	4	1	8	3	2	7	9	5				8	4	6	5	7	3	2	9	1

58

						2	1	7	8	3	6	5	4	9						
						5	3	6	9	4	2	7	8	1						
						9	4	8	1	7	5	2	6	3						
						8	6	1	5	2	4	9	3	7						
						3	7	5	6	9	8	1	2	4						
						4	2	9	3	1	7	6	5	8						
6	5	7	3	4	8	1	9	2	4	5	3	8	7	6	4	1	2	3	9	5
2	8	3	7	9	1	6	5	4	7	8	9	3	1	2	9	5	8	6	7	4
9	4	1	2	5	6	7	8	3	2	6	1	4	9	5	7	3	6	8	2	1
8	9	5	1	3	7	2	4	6				5	2	1	8	7	3	9	4	6
1	3	6	8	2	4	5	7	9				6	3	9	2	4	1	5	8	7
4	7	2	5	6	9	3	1	8				7	4	8	6	9	5	2	1	3
7	6	8	9	1	3	4	2	5				2	5	4	3	8	7	1	6	9
3	2	9	4	7	5	8	6	1				9	6	3	1	2	4	7	5	8
5	1	4	6	8	2	9	3	7				1	8	7	5	6	9	4	3	2

59

						8	3	9	2	7	5	6	1	4						
						2	4	1	6	8	3	9	5	7						
						6	7	5	9	4	1	8	2	3						
						1	9	8	5	2	7	3	4	6						
						4	6	3	1	9	8	5	7	2						
						5	2	7	3	6	4	1	9	8						
9	7	2	1	8	4	3	5	6	7	1	2	4	8	9	2	3	7	5	1	6
8	5	6	9	2	3	7	1	4	8	3	9	2	6	5	1	8	4	9	3	7
3	1	4	6	7	5	9	8	2	4	5	6	7	3	1	9	6	5	2	4	8
1	6	7	5	3	2	4	9	8				6	5	8	7	4	3	1	2	9
5	2	3	4	9	8	6	7	1				3	1	2	5	9	6	7	8	4
4	9	8	7	1	6	2	3	5				9	4	7	8	2	1	3	6	5
6	3	9	2	5	1	8	4	7				8	2	4	3	7	9	6	5	1
7	4	5	8	6	9	1	2	3				5	7	6	4	1	2	8	9	3
2	8	1	3	4	7	5	6	9				1	9	3	6	5	8	4	7	2

60

						6	7	3	1	8	5	4	9	2						
						2	9	8	4	7	6	1	3	5						
						1	4	5	3	2	9	7	6	8						
						7	5	6	8	1	2	3	4	9						
						3	2	9	6	4	7	5	8	1						
						8	1	4	5	9	3	2	7	6						
2	8	6	4	9	7	5	3	1	9	6	4	8	2	7	1	3	4	6	9	5
5	4	3	6	2	1	9	8	7	2	3	1	6	5	4	9	2	7	1	8	3
9	1	7	3	8	5	4	6	2	7	5	8	9	1	3	6	8	5	2	7	4
8	6	4	2	5	9	7	1	3				5	3	6	7	1	8	9	4	2
7	9	5	1	6	3	8	2	4				7	9	2	5	4	3	8	1	6
1	3	2	7	4	8	6	9	5				4	8	1	2	9	6	3	5	7
6	2	9	5	1	4	3	7	8				2	7	5	8	6	9	4	3	1
3	5	1	8	7	6	2	4	9				1	4	9	3	7	2	5	6	8
4	7	8	9	3	2	1	5	6				3	6	8	4	5	1	7	2	9

61

						5	9	7	6	8	4	3	2	1						
						8	1	3	2	7	9	6	5	4						
						4	2	6	1	3	5	7	9	8						
						2	4	8	9	6	1	5	7	3						
						6	5	1	7	4	3	2	8	9						
						3	7	9	8	5	2	1	4	6						
8	9	7	2	3	5	1	6	4	5	9	7	8	3	2	6	9	7	1	4	5
5	6	1	9	8	4	7	3	2	4	1	8	9	6	5	4	1	8	7	3	2
3	2	4	6	1	7	9	8	5	3	2	6	4	1	7	3	2	5	6	8	9
6	7	9	3	5	1	4	2	8				1	5	9	8	7	3	2	6	4
1	5	8	4	2	9	3	7	6				7	2	6	5	4	9	3	1	8
2	4	3	7	6	8	5	9	1				3	8	4	1	6	2	9	5	7
9	8	5	1	7	2	6	4	3				2	4	3	9	5	6	8	7	1
7	1	6	8	4	3	2	5	9				6	9	1	7	8	4	5	2	3
4	3	2	5	9	6	8	1	7				5	7	8	2	3	1	4	9	6

62

						4	9	3	6	2	7	5	8	1						
						6	1	8	4	5	3	7	9	2						
						7	5	2	1	8	9	4	6	3						
						3	6	5	7	9	4	1	2	8						
						8	4	1	5	6	2	3	7	9						
						2	7	9	8	3	1	6	5	4						
8	4	1	3	9	6	5	2	7	3	1	8	9	4	6	2	7	8	3	5	1
9	3	5	4	7	2	1	8	6	9	4	5	2	3	7	1	5	6	4	9	8
2	6	7	5	1	8	9	3	4	2	7	6	8	1	5	9	3	4	2	6	7
1	8	9	6	3	4	7	5	2				4	6	1	8	9	3	5	7	2
3	2	6	7	5	1	4	9	8				7	5	8	4	6	2	9	1	3
5	7	4	2	8	9	6	1	3				3	2	9	5	1	7	6	8	4
7	1	2	8	6	5	3	4	9				1	8	2	6	4	5	7	3	9
6	9	8	1	4	3	2	7	5				6	7	4	3	8	9	1	2	5
4	5	3	9	2	7	8	6	1				5	9	3	7	2	1	8	4	6

63

						1	7	6	3	8	5	9	2	4						
						5	3	2	4	9	1	8	7	6						
						8	4	9	7	6	2	5	1	3						
						2	6	1	5	7	8	4	3	9						
						3	9	5	1	4	6	2	8	7						
						7	8	4	2	3	9	6	5	1						
7	4	2	8	6	5	9	1	3	8	2	4	7	6	5	8	1	3	4	9	2
8	5	6	1	9	3	4	2	7	6	5	3	1	9	8	4	2	7	5	3	6
9	3	1	7	2	4	6	5	8	9	1	7	3	4	2	6	5	9	1	8	7
4	2	9	6	1	8	3	7	5				9	2	1	7	3	4	6	5	8
6	8	5	3	4	7	1	9	2				5	3	6	9	8	2	7	1	4
1	7	3	9	5	2	8	6	4				8	7	4	1	6	5	3	2	9
2	6	4	5	3	9	7	8	1				4	5	9	3	7	8	2	6	1
5	1	7	4	8	6	2	3	9				6	8	3	2	4	1	9	7	5
3	9	8	2	7	1	5	4	6				2	1	7	5	9	6	8	4	3

64

						5	3	1	7	8	2	6	4	9						
						2	8	4	3	6	9	1	7	5						
						9	7	6	4	1	5	8	3	2						
						1	6	9	2	3	7	5	8	4						
						3	2	8	5	4	1	9	6	7						
						7	4	5	8	9	6	2	1	3						
6	3	9	4	1	2	8	5	7	1	2	4	3	9	6	1	8	4	2	7	5
7	8	4	9	3	5	6	1	2	9	7	3	4	5	8	7	2	9	3	6	1
1	5	2	6	7	8	4	9	3	6	5	8	7	2	1	6	5	3	9	8	4
3	2	8	5	6	1	9	7	4				2	6	4	3	9	1	8	5	7
4	1	6	7	8	9	3	2	5				8	7	9	5	4	2	1	3	6
5	9	7	2	4	3	1	6	8				1	3	5	8	6	7	4	9	2
9	7	3	1	2	4	5	8	6				9	8	2	4	7	6	5	1	3
8	6	1	3	5	7	2	4	9				6	4	3	9	1	5	7	2	8
2	4	5	8	9	6	7	3	1				5	1	7	2	3	8	6	4	9

65

						4	8	2	7	1	5	9	3	6						
						6	5	7	3	9	4	2	1	8						
						3	9	1	8	2	6	4	7	5						
						9	2	6	4	3	1	8	5	7						
						7	1	5	6	8	2	3	4	9						
						8	4	3	5	7	9	1	6	2						
7	5	6	1	4	8	2	3	9	1	6	7	5	8	4	3	7	1	2	9	6
3	4	1	6	9	2	5	7	8	9	4	3	6	2	1	9	5	8	3	7	4
8	2	9	5	7	3	1	6	4	2	5	8	7	9	3	4	2	6	8	1	5
2	7	5	8	1	9	3	4	6				8	1	2	7	4	5	6	3	9
1	9	4	3	2	6	7	8	5				9	3	6	8	1	2	5	4	7
6	8	3	7	5	4	9	2	1				4	7	5	6	9	3	1	2	8
4	1	2	9	8	7	6	5	3				2	5	7	1	8	9	4	6	3
9	6	7	4	3	5	8	1	2				1	6	9	5	3	4	7	8	2
5	3	8	2	6	1	4	9	7				3	4	8	2	6	7	9	5	1

66

						6	5	2	4	7	1	8	3	9						
						3	8	4	9	5	2	7	6	1						
						1	9	7	6	3	8	4	2	5						
						9	7	6	3	2	4	5	1	8						
						4	1	5	8	6	7	3	9	2						
						2	3	8	1	9	5	6	7	4						
2	3	5	6	1	8	7	4	9	5	1	6	2	8	3	1	7	6	4	9	5
8	1	6	9	4	7	5	2	3	7	8	9	1	4	6	9	5	8	7	2	3
9	4	7	5	2	3	8	6	1	2	4	3	9	5	7	2	3	4	1	8	6
4	2	8	7	5	1	3	9	6				7	6	5	4	8	1	2	3	9
6	7	1	3	9	2	4	8	5				3	1	2	6	9	5	8	4	7
5	9	3	8	6	4	1	7	2				4	9	8	7	2	3	5	6	1
1	5	4	2	7	6	9	3	8				8	3	9	5	4	7	6	1	2
7	8	2	1	3	9	6	5	4				6	7	4	3	1	2	9	5	8
3	6	9	4	8	5	2	1	7				5	2	1	8	6	9	3	7	4

67

						7	2	4	6	1	5	3	9	8						
						5	6	8	4	9	3	1	2	7						
						1	3	9	7	2	8	4	5	6						
						6	7	3	8	5	1	9	4	2						
						8	4	5	2	7	9	6	3	1						
						2	9	1	3	6	4	7	8	5						
8	9	2	4	7	1	3	5	6	9	8	7	2	1	4	7	5	8	6	9	3
1	6	7	9	3	5	4	8	2	1	3	6	5	7	9	6	3	1	8	2	4
5	4	3	6	8	2	9	1	7	5	4	2	8	6	3	4	2	9	5	7	1
6	5	9	2	1	3	8	7	4				3	4	5	8	7	2	1	6	9
3	1	8	7	5	4	6	2	9				6	9	2	1	4	3	7	8	5
7	2	4	8	9	6	5	3	1				7	8	1	9	6	5	4	3	2
4	7	5	3	2	9	1	6	8				4	2	8	3	1	6	9	5	7
2	3	6	1	4	8	7	9	5				9	5	7	2	8	4	3	1	6
9	8	1	5	6	7	2	4	3				1	3	6	5	9	7	2	4	8

68

						3	4	1	2	8	5	6	7	9						
						9	5	7	4	3	6	8	2	1						
						2	8	6	1	7	9	3	5	4						
						6	7	3	9	5	4	1	8	2						
						5	9	4	8	1	2	7	3	6						
						1	2	8	7	6	3	4	9	5						
1	8	6	4	2	5	7	3	9	5	4	1	2	6	8	7	9	1	5	3	4
2	7	3	8	1	9	4	6	5	3	2	8	9	1	7	5	4	3	2	6	8
9	5	4	6	7	3	8	1	2	6	9	7	5	4	3	2	6	8	7	9	1
5	4	7	3	9	8	6	2	1				4	3	2	1	8	5	6	7	9
8	9	1	2	6	4	3	5	7				6	8	9	3	7	4	1	2	5
3	6	2	7	5	1	9	8	4				7	5	1	9	2	6	8	4	3
6	2	5	9	3	7	1	4	8				3	9	6	8	1	2	4	5	7
4	1	9	5	8	6	2	7	3				8	7	4	6	5	9	3	1	2
7	3	8	1	4	2	5	9	6				1	2	5	4	3	7	9	8	6

69

						7	9	3	2	5	1	8	4	6						
						4	8	6	7	9	3	5	1	2						
						1	5	2	8	4	6	7	9	3						
						9	2	7	5	1	8	3	6	4						
						8	1	4	3	6	9	2	7	5						
						3	6	5	4	2	7	1	8	9						
4	6	5	9	1	7	2	3	8	9	7	4	6	5	1	9	2	7	3	4	8
3	7	9	6	8	2	5	4	1	6	8	2	9	3	7	4	8	6	5	2	1
8	2	1	4	5	3	6	7	9	1	3	5	4	2	8	5	1	3	9	7	6
2	5	8	1	3	4	7	9	6				2	8	5	1	4	9	6	3	7
1	3	6	7	2	9	4	8	5				7	6	9	3	5	8	2	1	4
9	4	7	5	6	8	3	1	2				1	4	3	7	6	2	8	9	5
7	1	2	3	9	5	8	6	4				8	1	6	2	3	4	7	5	9
6	8	4	2	7	1	9	5	3				3	7	4	6	9	5	1	8	2
5	9	3	8	4	6	1	2	7				5	9	2	8	7	1	4	6	3

70

						3	6	9	5	2	4	1	7	8						
						5	8	2	7	1	6	9	4	3						
						7	1	4	3	9	8	6	2	5						
						4	5	6	1	8	9	7	3	2						
						2	3	7	6	4	5	8	9	1						
						1	9	8	2	3	7	5	6	4						
3	4	1	6	7	8	9	2	5	4	6	1	3	8	7	6	5	1	2	4	9
5	2	8	4	1	9	6	7	3	8	5	2	4	1	9	2	7	3	5	6	8
7	9	6	2	5	3	8	4	1	9	7	3	2	5	6	9	8	4	7	1	3
9	3	7	8	4	6	1	5	2				9	2	5	1	6	7	3	8	4
4	6	5	1	2	7	3	9	8				7	3	8	4	9	5	6	2	1
1	8	2	3	9	5	7	6	4				6	4	1	3	2	8	9	7	5
8	1	9	5	6	4	2	3	7				8	7	3	5	4	2	1	9	6
6	5	3	7	8	2	4	1	9				1	6	4	7	3	9	8	5	2
2	7	4	9	3	1	5	8	6				5	9	2	8	1	6	4	3	7

71

						3	7	6	2	9	5	1	4	8						
						8	4	2	1	6	3	9	5	7						
						5	9	1	4	7	8	2	6	3						
						7	8	3	5	2	4	6	1	9						
						9	1	5	6	3	7	4	8	2						
						2	6	4	9	8	1	7	3	5						
8	9	3	5	6	1	4	2	7	3	5	6	8	9	1	4	7	3	2	6	5
7	6	4	3	9	2	1	5	8	7	4	9	3	2	6	5	9	1	4	7	8
5	2	1	8	7	4	6	3	9	8	1	2	5	7	4	8	2	6	9	1	3
3	4	5	2	8	6	7	9	1				9	6	8	3	4	7	1	5	2
6	1	7	9	4	5	2	8	3				1	5	2	6	8	9	7	3	4
9	8	2	1	3	7	5	6	4				4	3	7	1	5	2	8	9	6
2	3	6	4	1	8	9	7	5				6	8	9	2	1	5	3	4	7
1	7	8	6	5	9	3	4	2				2	1	5	7	3	4	6	8	9
4	5	9	7	2	3	8	1	6				7	4	3	9	6	8	5	2	1

72

						3	8	4	1	9	7	2	5	6						
						9	5	1	6	2	8	4	7	3						
						2	7	6	3	4	5	8	9	1						
						1	9	7	5	8	6	3	4	2						
						5	6	8	2	3	4	9	1	7						
						4	3	2	9	7	1	5	6	8						
9	4	6	7	5	2	8	1	3	7	5	9	6	2	4	3	5	7	8	9	1
1	8	2	6	9	3	7	4	5	8	6	2	1	3	9	8	6	4	2	5	7
3	5	7	4	1	8	6	2	9	4	1	3	7	8	5	2	1	9	3	6	4
4	3	1	8	6	7	5	9	2				9	5	1	7	8	6	4	2	3
5	6	8	2	3	9	1	7	4				4	6	3	9	2	1	7	8	5
7	2	9	5	4	1	3	6	8				2	7	8	4	3	5	6	1	9
8	7	3	1	2	4	9	5	6				5	4	2	1	7	8	9	3	6
6	1	4	9	8	5	2	3	7				3	9	6	5	4	2	1	7	8
2	9	5	3	7	6	4	8	1				8	1	7	6	9	3	5	4	2

73

						9	7	1	8	4	2	5	3	6						
						8	5	2	3	1	6	4	7	9						
						3	4	6	5	7	9	2	8	1						
						2	9	7	4	6	1	8	5	3						
						1	8	4	7	3	5	9	6	2						
						6	3	5	9	2	8	1	4	7						
1	4	8	5	3	2	7	6	9	1	5	4	3	2	8	5	1	9	6	7	4
5	9	2	8	7	6	4	1	3	2	8	7	6	9	5	7	4	2	3	1	8
3	7	6	9	4	1	5	2	8	6	9	3	7	1	4	6	3	8	9	5	2
4	8	3	2	5	7	1	9	6				1	4	7	8	6	3	2	9	5
6	5	7	1	9	3	2	8	4				5	3	9	2	7	1	8	4	6
9	2	1	6	8	4	3	7	5				8	6	2	9	5	4	1	3	7
2	3	4	7	6	9	8	5	1				9	8	3	4	2	5	7	6	1
7	6	5	4	1	8	9	3	2				2	5	6	1	9	7	4	8	3
8	1	9	3	2	5	6	4	7				4	7	1	3	8	6	5	2	9

74

						9	6	8	4	7	2	5	1	3						
						4	1	2	3	5	6	8	7	9						
						3	5	7	9	8	1	4	6	2						
						8	2	9	6	1	3	7	4	5						
						7	4	6	5	2	9	3	8	1						
						1	3	5	7	4	8	9	2	6						
3	9	8	5	1	6	2	7	4	1	3	5	6	9	8	4	5	3	1	2	7
1	4	5	9	7	2	6	8	3	2	9	7	1	5	4	2	7	8	6	9	3
7	6	2	8	4	3	5	9	1	8	6	4	2	3	7	9	6	1	4	5	8
5	3	7	6	9	4	8	1	2				7	4	9	3	2	5	8	6	1
6	1	4	2	8	7	9	3	5				5	8	1	6	9	4	3	7	2
8	2	9	3	5	1	4	6	7				3	6	2	8	1	7	5	4	9
9	8	3	7	2	5	1	4	6				8	7	5	1	4	9	2	3	6
2	7	1	4	6	8	3	5	9				4	2	3	7	8	6	9	1	5
4	5	6	1	3	9	7	2	8				9	1	6	5	3	2	7	8	4

75

						4	3	5	1	8	6	2	9	7						
						1	8	2	3	9	7	5	4	6						
						6	7	9	2	5	4	3	8	1						
						5	9	8	4	3	1	6	7	2						
						3	1	6	7	2	8	9	5	4						
						7	2	4	9	6	5	1	3	8						
7	5	1	9	2	6	8	4	3	6	1	9	7	2	5	3	1	8	6	9	4
2	6	3	7	4	8	9	5	1	8	7	2	4	6	3	9	7	2	5	8	1
4	8	9	5	3	1	2	6	7	5	4	3	8	1	9	5	4	6	2	3	7
8	3	6	4	7	2	5	1	9				1	9	2	6	8	3	4	7	5
9	7	2	1	8	5	4	3	6				5	3	7	4	2	1	9	6	8
1	4	5	6	9	3	7	2	8				6	8	4	7	5	9	1	2	3
5	2	8	3	1	9	6	7	4				3	5	6	8	9	4	7	1	2
3	9	4	2	6	7	1	8	5				9	4	1	2	3	7	8	5	6
6	1	7	8	5	4	3	9	2				2	7	8	1	6	5	3	4	9

76

1	7	8	5	9	4	2	3	6				4	5	3	7	6	9	2	1	8
4	5	6	2	3	7	1	8	9				1	7	8	3	5	2	9	4	6
9	2	3	6	1	8	7	5	4				2	6	9	1	4	8	3	7	5
3	8	9	7	4	6	5	2	1				9	1	6	5	8	4	7	2	3
7	4	2	3	5	1	6	9	8				8	2	7	6	1	3	4	5	9
6	1	5	9	8	2	3	4	7				3	4	5	9	2	7	8	6	1
8	9	7	1	2	5	4	6	3	2	5	9	7	8	1	2	9	6	5	3	4
5	6	4	8	7	3	9	1	2	8	7	6	5	3	4	8	7	1	6	9	2
2	3	1	4	6	9	8	7	5	4	3	1	6	9	2	4	3	5	1	8	7
						3	2	4	1	8	7	9	5	6						
						1	5	6	9	4	3	2	7	8						
						7	8	9	6	2	5	1	4	3						
1	8	6	4	5	9	2	3	7	5	1	8	4	6	9	8	5	3	1	7	2
5	3	9	1	2	7	6	4	8	7	9	2	3	1	5	2	7	9	8	6	4
2	7	4	6	3	8	5	9	1	3	6	4	8	2	7	4	6	1	5	3	9
3	9	2	5	7	1	4	8	6				5	9	3	1	8	7	4	2	6
7	5	8	9	4	6	1	2	3				6	7	2	9	4	5	3	1	8
6	4	1	3	8	2	7	5	9				1	4	8	3	2	6	7	9	5
9	1	3	2	6	4	8	7	5				2	5	1	7	9	8	6	4	3
4	6	7	8	9	5	3	1	2				7	8	4	6	3	2	9	5	1
8	2	5	7	1	3	9	6	4				9	3	6	5	1	4	2	8	7

77

1	6	9	7	8	3	5	2	4				2	3	5	6	1	9	4	8	7
5	3	7	4	6	2	8	1	9				7	9	1	4	8	5	2	6	3
8	4	2	5	9	1	6	3	7				4	8	6	3	2	7	5	9	1
3	9	5	8	1	4	7	6	2				3	6	4	9	7	8	1	5	2
4	1	8	6	2	7	9	5	3				8	5	2	1	4	3	6	7	9
2	7	6	9	3	5	4	8	1				9	1	7	2	5	6	3	4	8
6	2	4	1	5	9	3	7	8	6	2	1	5	4	9	8	3	1	7	2	6
7	8	3	2	4	6	1	9	5	7	8	4	6	2	3	7	9	4	8	1	5
9	5	1	3	7	8	2	4	6	5	9	3	1	7	8	5	6	2	9	3	4
						5	8	7	1	6	2	3	9	4						
						9	2	4	3	5	8	7	1	6						
						6	1	3	4	7	9	8	5	2						
8	1	4	3	6	2	7	5	9	8	4	6	2	3	1	4	6	8	5	7	9
6	7	9	4	1	5	8	3	2	9	1	5	4	6	7	9	5	3	2	8	1
3	5	2	9	7	8	4	6	1	2	3	7	9	8	5	2	1	7	4	3	6
7	9	8	1	4	3	6	2	5				1	5	4	3	7	9	6	2	8
5	3	6	2	8	7	9	1	4				7	2	3	6	8	4	1	9	5
4	2	1	5	9	6	3	7	8				6	9	8	1	2	5	7	4	3
2	4	5	7	3	9	1	8	6				5	4	6	8	9	2	3	1	7
9	6	7	8	5	1	2	4	3				3	1	9	7	4	6	8	5	2
1	8	3	6	2	4	5	9	7				8	7	2	5	3	1	9	6	4

78

9	7	4	8	2	5	6	3	1				8	3	5	2	7	9	1	4	6
1	5	3	4	7	6	9	8	2				9	7	2	1	6	4	8	5	3
6	8	2	9	1	3	4	5	7				4	6	1	8	5	3	9	2	7
3	1	5	2	9	8	7	4	6				1	4	8	9	3	5	7	6	2
8	2	7	3	6	4	1	9	5				6	2	3	7	1	8	4	9	5
4	6	9	1	5	7	8	2	3				7	5	9	4	2	6	3	1	8
7	9	6	5	4	2	3	1	8	6	7	5	2	9	4	5	8	7	6	3	1
2	4	8	7	3	1	5	6	9	4	2	8	3	1	7	6	4	2	5	8	9
5	3	1	6	8	9	2	7	4	1	9	3	5	8	6	3	9	1	2	7	4
						4	3	2	8	6	1	9	7	5						
						7	8	6	9	5	2	1	4	3						
						9	5	1	7	3	4	8	6	2						
6	9	5	3	4	8	1	2	7	3	4	9	6	5	8	2	1	7	3	4	9
1	3	2	6	9	7	8	4	5	2	1	6	7	3	9	4	8	5	1	6	2
4	7	8	5	2	1	6	9	3	5	8	7	4	2	1	6	3	9	5	8	7
7	5	9	1	8	2	4	3	6				9	4	5	7	2	8	6	1	3
8	2	1	4	3	6	7	5	9				1	6	3	9	5	4	2	7	8
3	4	6	7	5	9	2	8	1				8	7	2	1	6	3	4	9	5
2	1	3	9	6	4	5	7	8				3	8	7	5	4	6	9	2	1
9	6	4	8	7	5	3	1	2				5	1	6	8	9	2	7	3	4
5	8	7	2	1	3	9	6	4				2	9	4	3	7	1	8	5	6

79

8	1	5	2	6	7	3	9	4				5	6	4	2	3	1	8	7	9
3	7	4	1	9	8	2	5	6				3	9	8	4	5	7	6	2	1
9	6	2	3	4	5	8	7	1				1	7	2	6	9	8	5	4	3
2	4	6	9	7	1	5	3	8				4	1	5	7	8	6	9	3	2
7	5	9	4	8	3	1	6	2				9	3	6	5	4	2	1	8	7
1	8	3	6	5	2	9	4	7				2	8	7	3	1	9	4	5	6
5	3	8	7	1	4	6	2	9	5	8	1	7	4	3	9	6	5	2	1	8
6	2	7	8	3	9	4	1	5	7	6	3	8	2	9	1	7	4	3	6	5
4	9	1	5	2	6	7	8	3	9	2	4	6	5	1	8	2	3	7	9	4
						3	9	6	8	1	2	4	7	5						
						2	4	1	6	7	5	3	9	8						
						5	7	8	3	4	9	2	1	6						
3	1	2	8	5	7	9	6	4	1	3	7	5	8	2	1	9	7	4	6	3
7	5	8	9	4	6	1	3	2	4	5	8	9	6	7	3	4	2	8	5	1
6	4	9	2	1	3	8	5	7	2	9	6	1	3	4	5	8	6	2	9	7
5	9	4	6	3	1	7	2	8				3	2	5	7	1	8	9	4	6
1	6	3	7	8	2	5	4	9				6	7	9	2	5	4	3	1	8
8	2	7	4	9	5	6	1	3				8	4	1	6	3	9	7	2	5
9	3	6	5	7	4	2	8	1				7	5	3	9	2	1	6	8	4
4	8	5	1	2	9	3	7	6				2	1	8	4	6	3	5	7	9
2	7	1	3	6	8	4	9	5				4	9	6	8	7	5	1	3	2

80

5	3	4	9	8	6	2	1	7				5	2	8	4	9	3	7	1	6
8	1	2	7	5	3	6	4	9				1	6	4	7	2	5	8	9	3
6	7	9	2	1	4	5	3	8				3	7	9	1	6	8	2	5	4
2	8	5	3	9	7	1	6	4				9	3	2	8	5	1	6	4	7
4	9	7	5	6	1	8	2	3				4	5	1	6	7	2	3	8	9
1	6	3	8	4	2	9	7	5				7	8	6	9	3	4	1	2	5
3	5	6	1	7	8	4	9	2	7	8	5	6	1	3	5	8	9	4	7	2
7	4	8	6	2	9	3	5	1	6	4	2	8	9	7	2	4	6	5	3	1
9	2	1	4	3	5	7	8	6	9	3	1	2	4	5	3	1	7	9	6	8
						8	6	4	3	5	9	7	2	1						
						1	2	9	4	7	6	3	5	8						
						5	7	3	2	1	8	4	6	9						
8	1	4	5	6	9	2	3	7	5	9	4	1	8	6	7	5	3	4	9	2
6	3	5	1	7	2	9	4	8	1	6	3	5	7	2	9	4	1	3	6	8
7	2	9	4	3	8	6	1	5	8	2	7	9	3	4	2	8	6	1	5	7
4	6	2	8	1	3	7	5	9				3	2	9	6	7	4	8	1	5
3	7	1	9	5	6	4	8	2				8	4	1	5	3	2	9	7	6
5	9	8	2	4	7	3	6	1				6	5	7	1	9	8	2	3	4
9	5	3	7	8	4	1	2	6				2	6	5	4	1	9	7	8	3
2	8	6	3	9	1	5	7	4				4	1	8	3	6	7	5	2	9
1	4	7	6	2	5	8	9	3				7	9	3	8	2	5	6	4	1

81

5	7	8	2	6	3	9	1	4				1	5	7	2	4	6	8	9	3
4	6	1	7	8	9	3	2	5				4	8	2	5	9	3	1	6	7
3	9	2	1	4	5	7	6	8				6	3	9	1	8	7	4	2	5
1	4	6	5	9	8	2	3	7				9	6	3	4	7	8	2	5	1
8	2	9	4	3	7	6	5	1				2	4	8	9	1	5	3	7	6
7	3	5	6	2	1	8	4	9				7	1	5	6	3	2	9	4	8
2	8	3	9	1	4	5	7	6	4	8	2	3	9	1	7	6	4	5	8	2
9	5	4	3	7	6	1	8	2	9	3	6	5	7	4	8	2	1	6	3	9
6	1	7	8	5	2	4	9	3	1	5	7	8	2	6	3	5	9	7	1	4
						2	4	7	3	6	9	1	8	5						
						6	1	8	5	2	4	9	3	7						
						3	5	9	8	7	1	4	6	2						
5	9	6	4	8	2	7	3	1	6	9	5	2	4	8	5	6	9	7	1	3
4	2	3	9	7	1	8	6	5	2	4	3	7	1	9	3	4	2	6	8	5
1	8	7	3	6	5	9	2	4	7	1	8	6	5	3	7	1	8	4	9	2
7	6	2	1	9	3	5	4	8				4	9	7	8	2	1	5	3	6
3	5	9	8	4	7	2	1	6				3	6	1	9	5	7	2	4	8
8	4	1	2	5	6	3	7	9				8	2	5	4	3	6	9	7	1
9	7	8	6	2	4	1	5	3				5	8	4	2	9	3	1	6	7
6	3	5	7	1	8	4	9	2				9	7	6	1	8	5	3	2	4
2	1	4	5	3	9	6	8	7				1	3	2	6	7	4	8	5	9

82

5	2	6	1	3	7	8	9	4				3	6	9	5	4	7	2	8	1
8	4	7	6	9	5	2	1	3				1	7	8	6	3	2	5	4	9
1	3	9	2	4	8	7	5	6				2	5	4	9	1	8	6	7	3
4	6	8	9	5	1	3	2	7				4	3	7	8	2	9	1	6	5
2	5	1	4	7	3	6	8	9				9	1	6	3	5	4	7	2	8
9	7	3	8	2	6	1	4	5				5	8	2	7	6	1	3	9	4
6	1	5	3	8	9	4	7	2	1	6	5	8	9	3	1	7	6	4	5	2
7	8	2	5	6	4	9	3	1	8	2	7	6	4	5	2	9	3	8	1	7
3	9	4	7	1	2	5	6	8	4	9	3	7	2	1	4	8	5	9	3	6
						7	5	3	6	4	2	9	1	8						
						8	9	4	7	3	1	2	5	6						
						2	1	6	5	8	9	3	7	4						
6	2	9	5	1	8	3	4	7	9	1	6	5	8	2	9	1	7	6	3	4
1	3	5	2	4	7	6	8	9	2	5	4	1	3	7	4	6	5	8	2	9
7	4	8	3	6	9	1	2	5	3	7	8	4	6	9	3	8	2	1	5	7
4	5	2	6	7	1	8	9	3				8	7	3	2	5	6	4	9	1
9	7	1	8	3	4	2	5	6				9	2	4	7	3	1	5	8	6
3	8	6	9	5	2	4	7	1				6	1	5	8	9	4	3	7	2
2	9	7	1	8	3	5	6	4				3	5	6	1	7	9	2	4	8
5	1	4	7	2	6	9	3	8				2	9	8	6	4	3	7	1	5
8	6	3	4	9	5	7	1	2				7	4	1	5	2	8	9	6	3

83

4	9	2	8	5	7	3	1	6				7	1	3	4	9	2	6	5	8
1	5	8	3	9	6	4	7	2				9	5	2	8	6	7	1	4	3
7	3	6	4	1	2	5	8	9				4	6	8	3	5	1	9	2	7
5	2	9	6	4	8	7	3	1				8	7	9	2	1	3	4	6	5
6	8	4	7	3	1	2	9	5				1	4	6	9	8	5	3	7	2
3	7	1	9	2	5	8	6	4				3	2	5	7	4	6	8	1	9
2	1	7	5	8	9	6	4	3	5	9	7	2	8	1	6	7	9	5	3	4
9	6	3	2	7	4	1	5	8	3	2	4	6	9	7	5	3	4	2	8	1
8	4	5	1	6	3	9	2	7	6	1	8	5	3	4	1	2	8	7	9	6
						2	8	4	7	5	3	1	6	9						
						3	7	1	9	8	6	4	5	2						
						5	6	9	2	4	1	3	7	8						
4	2	7	9	1	6	8	3	5	4	7	2	9	1	6	8	2	4	3	5	7
9	5	3	7	2	8	4	1	6	8	3	9	7	2	5	3	6	9	8	1	4
6	1	8	5	4	3	7	9	2	1	6	5	8	4	3	1	7	5	9	2	6
1	8	2	3	7	4	5	6	9				5	6	9	2	4	1	7	8	3
3	7	4	6	5	9	2	8	1				1	3	8	7	5	6	4	9	2
5	9	6	2	8	1	3	4	7				2	7	4	9	3	8	1	6	5
8	6	5	1	3	2	9	7	4				4	5	1	6	8	3	2	7	9
7	4	9	8	6	5	1	2	3				6	9	7	4	1	2	5	3	8
2	3	1	4	9	7	6	5	8				3	8	2	5	9	7	6	4	1

84

9	3	1	5	8	6	4	7	2				3	4	6	5	1	2	7	9	8
2	8	5	4	7	9	6	3	1				1	9	7	6	4	8	5	3	2
6	4	7	3	1	2	5	8	9				5	2	8	9	3	7	1	4	6
8	2	6	9	5	3	7	1	4				9	1	2	7	8	6	3	5	4
3	1	9	7	6	4	8	2	5				8	3	4	1	9	5	2	6	7
7	5	4	8	2	1	3	9	6				6	7	5	3	2	4	8	1	9
1	7	3	6	9	5	2	4	8	9	5	1	7	6	3	8	5	9	4	2	1
4	6	2	1	3	8	9	5	7	6	3	2	4	8	1	2	6	3	9	7	5
5	9	8	2	4	7	1	6	3	4	8	7	2	5	9	4	7	1	6	8	3
						8	3	4	2	7	9	5	1	6						
						6	1	9	5	4	8	3	7	2						
						7	2	5	1	6	3	9	4	8						
9	3	2	8	4	6	5	7	1	3	2	6	8	9	4	1	6	5	3	7	2
1	7	4	9	2	5	3	8	6	7	9	4	1	2	5	3	7	9	6	4	8
8	5	6	7	1	3	4	9	2	8	1	5	6	3	7	2	4	8	5	9	1
7	2	3	6	9	4	8	1	5				2	4	8	6	1	7	9	5	3
4	9	1	5	3	8	6	2	7				3	5	9	8	2	4	7	1	6
5	6	8	2	7	1	9	4	3				7	6	1	5	9	3	8	2	4
2	8	5	4	6	7	1	3	9				5	8	2	9	3	1	4	6	7
6	1	9	3	8	2	7	5	4				9	7	6	4	8	2	1	3	5
3	4	7	1	5	9	2	6	8				4	1	3	7	5	6	2	8	9

85

5	4	7	1	2	6	8	9	3				6	3	1	4	8	9	2	7	5
8	1	9	7	3	5	2	6	4				8	7	2	5	6	3	1	4	9
2	6	3	4	9	8	5	7	1				5	9	4	7	2	1	3	6	8
9	5	6	3	7	1	4	8	2				9	8	7	1	3	4	6	5	2
7	2	1	6	8	4	9	3	5				2	1	5	8	9	6	7	3	4
3	8	4	9	5	2	7	1	6				3	4	6	2	7	5	8	9	1
1	9	2	8	4	3	6	5	7	8	1	9	4	2	3	9	1	7	5	8	6
4	3	8	5	6	7	1	2	9	6	3	4	7	5	8	6	4	2	9	1	3
6	7	5	2	1	9	3	4	8	2	7	5	1	6	9	3	5	8	4	2	7
						7	1	2	3	5	6	9	8	4						
						5	9	6	4	8	1	2	3	7						
						4	8	3	9	2	7	6	1	5						
4	3	9	1	6	8	2	7	5	1	9	8	3	4	6	7	9	8	1	2	5
7	8	5	3	4	2	9	6	1	5	4	3	8	7	2	5	1	6	3	4	9
2	1	6	7	5	9	8	3	4	7	6	2	5	9	1	4	2	3	6	7	8
5	9	3	8	7	6	1	4	2				1	2	7	3	8	9	5	6	4
6	2	8	9	1	4	3	5	7				4	8	5	6	7	2	9	1	3
1	4	7	2	3	5	6	8	9				6	3	9	1	5	4	7	8	2
8	6	1	4	2	7	5	9	3				2	1	8	9	6	5	4	3	7
9	7	2	5	8	3	4	1	6				7	5	3	8	4	1	2	9	6
3	5	4	6	9	1	7	2	8				9	6	4	2	3	7	8	5	1

86

8	6	3	1	5	2	7	4	9				8	4	6	9	7	3	5	1	2
9	1	7	6	3	4	5	8	2				1	5	7	8	2	4	9	3	6
5	4	2	7	8	9	6	3	1				3	9	2	5	6	1	4	7	8
3	2	5	9	6	1	4	7	8				4	3	5	7	8	2	6	9	1
6	9	1	8	4	7	2	5	3				6	2	1	3	5	9	7	8	4
7	8	4	3	2	5	9	1	6				9	7	8	4	1	6	2	5	3
2	5	6	4	1	8	3	9	7	6	8	2	5	1	4	2	3	7	8	6	9
4	7	8	2	9	3	1	6	5	7	9	4	2	8	3	6	9	5	1	4	7
1	3	9	5	7	6	8	2	4	5	1	3	7	6	9	1	4	8	3	2	5
						4	8	1	2	6	7	3	9	5						
						2	3	6	9	4	5	8	7	1						
						5	7	9	1	3	8	4	2	6						
5	8	7	6	1	2	9	4	3	8	2	6	1	5	7	6	8	2	3	9	4
4	2	1	7	3	9	6	5	8	4	7	1	9	3	2	4	1	7	6	8	5
3	6	9	5	4	8	7	1	2	3	5	9	6	4	8	5	3	9	2	7	1
6	9	2	4	7	5	3	8	1				4	8	5	2	7	1	9	6	3
7	5	3	8	9	1	4	2	6				3	7	6	9	5	8	4	1	2
8	1	4	2	6	3	5	7	9				2	1	9	3	4	6	7	5	8
1	7	6	9	8	4	2	3	5				5	6	4	1	9	3	8	2	7
2	4	8	3	5	6	1	9	7				7	9	1	8	2	4	5	3	6
9	3	5	1	2	7	8	6	4				8	2	3	7	6	5	1	4	9

87

2	1	3	4	7	8	9	5	6				7	9	6	2	5	4	3	8	1
8	6	5	1	9	3	7	2	4				1	2	5	9	3	8	4	6	7
9	7	4	2	5	6	8	1	3				3	8	4	1	7	6	5	9	2
3	5	1	9	6	4	2	7	8				8	1	7	5	4	9	6	2	3
6	4	9	7	8	2	1	3	5				9	6	2	3	8	1	7	4	5
7	8	2	5	3	1	4	6	9				4	5	3	7	6	2	8	1	9
1	3	6	8	4	7	5	9	2	8	4	3	6	7	1	8	2	5	9	3	4
5	2	8	3	1	9	6	4	7	5	9	1	2	3	8	4	9	7	1	5	6
4	9	7	6	2	5	3	8	1	6	7	2	5	4	9	6	1	3	2	7	8
						1	3	9	4	6	5	8	2	7						
						4	7	5	2	8	9	1	6	3						
						8	2	6	1	3	7	9	5	4						
2	3	9	1	4	5	7	6	8	9	2	4	3	1	5	2	7	9	6	4	8
4	6	5	9	8	7	2	1	3	7	5	8	4	9	6	8	5	3	2	7	1
8	7	1	6	2	3	9	5	4	3	1	6	7	8	2	6	1	4	5	9	3
1	8	7	5	9	2	4	3	6				1	5	7	3	9	6	4	8	2
5	9	2	3	6	4	1	8	7				2	6	4	7	8	5	1	3	9
3	4	6	7	1	8	5	9	2				8	3	9	4	2	1	7	5	6
9	1	3	2	7	6	8	4	5				6	2	3	9	4	7	8	1	5
6	2	8	4	5	1	3	7	9				9	4	1	5	6	8	3	2	7
7	5	4	8	3	9	6	2	1				5	7	8	1	3	2	9	6	4

88

8	9	1	5	2	4	6	7	3				6	3	1	7	9	8	5	2	4
3	4	2	6	1	7	5	9	8				5	7	4	1	3	2	6	8	9
7	5	6	3	9	8	4	1	2				8	2	9	4	5	6	3	7	1
4	2	7	9	8	3	1	5	6				4	6	8	9	2	7	1	3	5
9	6	3	1	5	2	8	4	7				3	1	7	5	6	4	8	9	2
5	1	8	7	4	6	2	3	9				2	9	5	3	8	1	4	6	7
2	7	5	8	3	1	9	6	4	2	7	5	1	8	3	2	7	5	9	4	6
1	3	4	2	6	9	7	8	5	6	3	1	9	4	2	6	1	3	7	5	8
6	8	9	4	7	5	3	2	1	8	9	4	7	5	6	8	4	9	2	1	3
						1	5	3	9	8	2	6	7	4						
						6	9	2	7	4	3	8	1	5						
						4	7	8	1	5	6	2	3	9						
8	6	4	2	3	9	5	1	7	4	6	9	3	2	8	6	9	1	4	7	5
5	7	1	8	4	6	2	3	9	5	1	8	4	6	7	5	2	8	9	3	1
9	3	2	7	5	1	8	4	6	3	2	7	5	9	1	3	4	7	6	8	2
4	1	8	6	2	5	9	7	3				9	1	3	8	7	5	2	4	6
3	2	5	9	7	4	1	6	8				2	8	4	1	6	9	7	5	3
6	9	7	1	8	3	4	2	5				6	7	5	4	3	2	8	1	9
7	5	6	4	9	2	3	8	1				8	3	9	7	5	6	1	2	4
2	8	3	5	1	7	6	9	4				1	4	2	9	8	3	5	6	7
1	4	9	3	6	8	7	5	2				7	5	6	2	1	4	3	9	8

89

2	9	3	1	4	6	7	8	5				2	4	8	6	9	1	3	7	5
1	6	8	5	7	3	9	4	2				3	5	9	2	7	8	1	6	4
7	5	4	2	9	8	1	3	6				1	6	7	3	4	5	8	9	2
3	7	2	4	6	1	5	9	8				4	3	2	5	8	6	9	1	7
4	1	6	9	8	5	2	7	3				7	9	1	4	3	2	6	5	8
9	8	5	7	3	2	6	1	4				5	8	6	9	1	7	4	2	3
6	4	1	3	2	9	8	5	7	2	3	6	9	1	4	7	5	3	2	8	6
8	3	9	6	5	7	4	2	1	9	5	8	6	7	3	8	2	9	5	4	1
5	2	7	8	1	4	3	6	9	1	4	7	8	2	5	1	6	4	7	3	9
						7	8	2	5	6	9	3	4	1						
						9	4	6	3	2	1	5	8	7						
						5	1	3	7	8	4	2	6	9						
6	3	7	5	1	4	2	9	8	4	7	3	1	5	6	7	4	3	2	9	8
9	2	4	6	3	8	1	7	5	6	9	2	4	3	8	9	2	1	6	7	5
8	5	1	2	9	7	6	3	4	8	1	5	7	9	2	8	5	6	3	1	4
4	1	8	7	2	6	3	5	9				2	6	9	3	8	5	1	4	7
2	7	9	3	8	5	4	6	1				3	7	5	4	1	2	9	8	6
5	6	3	9	4	1	8	2	7				8	1	4	6	9	7	5	3	2
1	9	6	4	5	3	7	8	2				5	8	3	1	6	4	7	2	9
3	8	5	1	7	2	9	4	6				6	4	7	2	3	9	8	5	1
7	4	2	8	6	9	5	1	3				9	2	1	5	7	8	4	6	3

90

9	1	2	5	8	6	3	4	7				4	5	2	1	6	3	7	8	9
3	5	6	4	7	9	2	1	8				9	8	6	5	4	7	2	1	3
8	7	4	3	1	2	6	5	9				1	7	3	8	9	2	6	5	4
1	9	8	2	6	7	4	3	5				7	1	9	4	2	5	3	6	8
5	6	7	9	3	4	1	8	2				3	6	8	9	7	1	5	4	2
4	2	3	8	5	1	7	9	6				5	2	4	6	3	8	9	7	1
6	4	9	1	2	8	5	7	3	4	2	6	8	9	1	2	5	6	4	3	7
7	8	5	6	4	3	9	2	1	5	3	8	6	4	7	3	8	9	1	2	5
2	3	1	7	9	5	8	6	4	9	1	7	2	3	5	7	1	4	8	9	6
						2	8	7	1	4	5	9	6	3						
						1	9	5	2	6	3	4	7	8						
						4	3	6	8	7	9	1	5	2						
9	1	2	7	5	3	6	4	8	3	5	2	7	1	9	5	3	2	4	8	6
3	6	4	1	9	8	7	5	2	6	9	1	3	8	4	6	9	1	5	7	2
5	7	8	4	2	6	3	1	9	7	8	4	5	2	6	7	8	4	1	3	9
6	3	5	8	4	7	2	9	1				1	6	7	4	2	9	8	5	3
2	8	7	6	1	9	4	3	5				8	9	3	1	5	7	2	6	4
4	9	1	5	3	2	8	7	6				4	5	2	3	6	8	7	9	1
7	2	3	9	6	5	1	8	4				9	7	8	2	4	6	3	1	5
8	4	9	2	7	1	5	6	3				6	4	5	8	1	3	9	2	7
1	5	6	3	8	4	9	2	7				2	3	1	9	7	5	6	4	8

91

9	8	3	1	4	5	2	6	7				3	7	9	8	5	6	2	4	1
2	5	4	6	7	9	8	1	3				1	8	4	2	7	9	3	6	5
6	7	1	2	3	8	9	5	4				2	5	6	3	4	1	8	7	9
7	6	9	3	8	4	1	2	5				8	2	5	1	6	3	7	9	4
4	1	8	7	5	2	6	3	9				9	1	7	4	8	2	6	5	3
3	2	5	9	6	1	7	4	8				6	4	3	5	9	7	1	8	2
5	9	6	8	2	3	4	7	1	6	3	8	5	9	2	6	1	8	4	3	7
1	4	7	5	9	6	3	8	2	7	5	9	4	6	1	7	3	5	9	2	8
8	3	2	4	1	7	5	9	6	2	4	1	7	3	8	9	2	4	5	1	6
						7	4	5	1	2	3	6	8	9						
						9	2	3	8	6	5	1	7	4						
						1	6	8	9	7	4	2	5	3						
4	7	2	8	5	1	6	3	9	5	1	2	8	4	7	5	3	2	9	1	6
9	6	5	2	4	3	8	1	7	4	9	6	3	2	5	9	1	6	7	4	8
1	3	8	9	6	7	2	5	4	3	8	7	9	1	6	4	7	8	5	3	2
6	4	3	1	8	9	5	7	2				7	6	4	3	5	1	2	8	9
7	8	1	5	2	4	3	9	6				2	8	1	6	9	7	4	5	3
5	2	9	3	7	6	1	4	8				5	9	3	2	8	4	1	6	7
3	5	7	6	9	8	4	2	1				6	5	2	8	4	9	3	7	1
8	1	4	7	3	2	9	6	5				1	3	8	7	2	5	6	9	4
2	9	6	4	1	5	7	8	3				4	7	9	1	6	3	8	2	5

92

7	9	8	3	5	2	1	4	6				4	3	5	1	9	2	7	8	6
6	1	3	7	4	8	9	2	5				2	7	1	8	6	3	5	9	4
4	2	5	6	1	9	7	8	3				8	9	6	5	7	4	3	2	1
8	4	6	2	7	3	5	1	9				3	4	2	9	5	1	6	7	8
3	7	1	5	9	4	2	6	8				9	1	8	7	4	6	2	3	5
9	5	2	1	8	6	4	3	7				6	5	7	2	3	8	4	1	9
2	8	4	9	6	5	3	7	1	6	9	8	5	2	4	3	1	9	8	6	7
1	3	9	8	2	7	6	5	4	3	1	2	7	8	9	6	2	5	1	4	3
5	6	7	4	3	1	8	9	2	7	4	5	1	6	3	4	8	7	9	5	2
						9	4	8	1	2	6	3	7	5						
						1	2	3	9	5	7	6	4	8						
						7	6	5	4	8	3	2	9	1						
5	1	9	2	3	6	4	8	7	2	3	1	9	5	6	4	8	2	7	1	3
8	3	2	9	4	7	5	1	6	8	7	9	4	3	2	1	7	6	8	9	5
6	7	4	5	8	1	2	3	9	5	6	4	8	1	7	9	5	3	2	4	6
4	8	5	7	1	3	6	9	2				3	7	5	2	4	1	6	8	9
1	9	3	6	5	2	7	4	8				2	9	8	3	6	7	1	5	4
2	6	7	4	9	8	3	5	1				6	4	1	5	9	8	3	2	7
3	5	6	1	2	9	8	7	4				7	8	9	6	2	5	4	3	1
9	2	8	3	7	4	1	6	5				1	2	4	7	3	9	5	6	8
7	4	1	8	6	5	9	2	3				5	6	3	8	1	4	9	7	2

93

8	2	3	1	4	6	9	7	5				9	3	7	8	2	6	5	1	4
1	5	6	9	8	7	2	3	4				6	4	5	9	3	1	2	7	8
4	7	9	3	5	2	8	6	1				8	2	1	7	5	4	3	9	6
2	6	5	4	3	9	7	1	8				1	9	4	5	6	7	8	3	2
3	4	1	7	2	8	6	5	9				2	6	8	1	9	3	4	5	7
7	9	8	6	1	5	3	4	2				5	7	3	2	4	8	1	6	9
5	8	7	2	6	4	1	9	3	4	2	8	7	5	6	4	1	2	9	8	3
9	3	4	8	7	1	5	2	6	3	1	7	4	8	9	3	7	5	6	2	1
6	1	2	5	9	3	4	8	7	5	6	9	3	1	2	6	8	9	7	4	5
						2	4	8	1	5	3	9	6	7						
						9	3	5	7	4	6	1	2	8						
						7	6	1	9	8	2	5	4	3						
1	3	2	5	8	9	6	7	4	8	3	5	2	9	1	7	6	3	5	4	8
9	8	7	1	6	4	3	5	2	6	9	1	8	7	4	5	2	1	6	9	3
4	6	5	7	3	2	8	1	9	2	7	4	6	3	5	4	8	9	2	1	7
2	4	1	8	7	3	5	9	6				7	5	8	6	1	2	9	3	4
3	7	6	9	4	5	1	2	8				4	1	3	9	7	5	8	6	2
5	9	8	2	1	6	7	4	3				9	6	2	3	4	8	7	5	1
7	5	3	4	2	8	9	6	1				5	8	9	1	3	7	4	2	6
6	1	4	3	9	7	2	8	5				1	4	7	2	5	6	3	8	9
8	2	9	6	5	1	4	3	7				3	2	6	8	9	4	1	7	5

94

7	4	9	1	6	3	2	8	5				9	6	2	8	7	4	3	5	1
6	5	3	7	2	8	4	1	9				5	4	8	1	3	6	7	9	2
1	8	2	9	5	4	3	6	7				1	7	3	9	2	5	4	8	6
2	9	6	5	8	1	7	3	4				2	5	1	7	4	8	9	6	3
5	7	8	3	4	6	1	9	2				3	9	6	2	5	1	8	4	7
3	1	4	2	9	7	6	5	8				4	8	7	3	6	9	1	2	5
8	2	7	6	3	5	9	4	1	3	7	6	8	2	5	4	1	3	6	7	9
4	3	1	8	7	9	5	2	6	8	9	1	7	3	4	6	9	2	5	1	8
9	6	5	4	1	2	8	7	3	4	5	2	6	1	9	5	8	7	2	3	4
						1	9	4	7	3	5	2	8	6						
						6	5	2	1	8	4	9	7	3						
						3	8	7	6	2	9	5	4	1						
1	6	4	8	2	5	7	3	9	5	4	8	1	6	2	4	3	8	9	7	5
2	7	8	6	3	9	4	1	5	2	6	7	3	9	8	5	7	6	1	4	2
3	5	9	4	1	7	2	6	8	9	1	3	4	5	7	9	1	2	8	3	6
6	2	3	7	8	4	9	5	1				8	2	1	3	4	7	5	6	9
4	9	7	5	6	1	3	8	2				6	7	5	2	9	1	3	8	4
5	8	1	3	9	2	6	4	7				9	4	3	8	6	5	7	2	1
9	4	5	1	7	6	8	2	3				7	3	4	6	5	9	2	1	8
7	3	6	2	5	8	1	9	4				5	8	6	1	2	3	4	9	7
8	1	2	9	4	3	5	7	6				2	1	9	7	8	4	6	5	3

95

8	1	3	6	7	5	2	4	9				3	7	2	1	6	4	9	8	5
7	5	6	9	4	2	8	3	1				5	1	8	3	9	2	4	6	7
4	2	9	8	3	1	7	5	6				6	4	9	5	7	8	1	3	2
2	6	1	3	5	8	9	7	4				7	3	4	2	8	5	6	1	9
9	8	5	7	1	4	3	6	2				9	5	6	7	1	3	8	2	4
3	4	7	2	9	6	5	1	8				8	2	1	6	4	9	7	5	3
5	3	8	4	6	9	1	2	7	3	8	9	4	6	5	9	2	1	3	7	8
1	9	4	5	2	7	6	8	3	1	4	5	2	9	7	8	3	6	5	4	1
6	7	2	1	8	3	4	9	5	6	2	7	1	8	3	4	5	7	2	9	6
						2	1	8	7	9	4	3	5	6						
						7	4	9	5	6	3	8	1	2						
						5	3	6	8	1	2	7	4	9						
7	6	9	2	8	1	3	5	4	9	7	1	6	2	8	3	5	7	4	1	9
8	3	2	7	5	4	9	6	1	2	3	8	5	7	4	9	1	6	3	8	2
5	4	1	6	9	3	8	7	2	4	5	6	9	3	1	4	2	8	5	6	7
1	2	8	5	3	9	7	4	6				8	1	5	6	7	4	9	2	3
3	9	5	4	6	7	2	1	8				4	9	2	8	3	1	7	5	6
4	7	6	1	2	8	5	9	3				3	6	7	5	9	2	1	4	8
6	8	4	9	7	2	1	3	5				7	8	6	1	4	9	2	3	5
9	1	3	8	4	5	6	2	7				1	5	9	2	6	3	8	7	4
2	5	7	3	1	6	4	8	9				2	4	3	7	8	5	6	9	1

96

7	1	8	3	4	9	6	2	5				9	7	2	1	5	3	8	6	4
3	4	6	7	5	2	8	9	1				5	1	4	8	6	2	3	9	7
2	5	9	1	8	6	3	4	7				3	6	8	9	7	4	5	1	2
6	8	5	2	9	7	1	3	4				8	9	3	6	4	1	7	2	5
9	3	7	8	1	4	5	6	2				7	2	5	3	8	9	1	4	6
4	2	1	5	6	3	7	8	9				1	4	6	5	2	7	9	3	8
8	6	2	9	7	5	4	1	3	5	6	7	2	8	9	7	1	6	4	5	3
5	9	4	6	3	1	2	7	8	9	3	4	6	5	1	4	3	8	2	7	9
1	7	3	4	2	8	9	5	6	1	2	8	4	3	7	2	9	5	6	8	1
						5	8	4	7	9	6	3	1	2						
						1	3	2	4	8	5	7	9	6						
						7	6	9	2	1	3	8	4	5						
6	2	4	3	5	7	8	9	1	3	7	2	5	6	4	2	7	1	9	3	8
8	3	7	4	9	1	6	2	5	8	4	1	9	7	3	8	4	6	2	1	5
1	9	5	2	8	6	3	4	7	6	5	9	1	2	8	3	9	5	4	6	7
9	6	1	7	3	8	2	5	4				3	4	1	7	6	9	5	8	2
7	5	3	6	4	2	9	1	8				2	8	5	1	3	4	6	7	9
2	4	8	5	1	9	7	3	6				7	9	6	5	8	2	3	4	1
3	8	9	1	6	5	4	7	2				6	5	9	4	1	7	8	2	3
5	7	6	9	2	4	1	8	3				8	1	2	6	5	3	7	9	4
4	1	2	8	7	3	5	6	9				4	3	7	9	2	8	1	5	6

97

5	6	9	1	8	4	2	3	7				1	5	2	6	8	4	7	3	9
8	1	3	7	2	6	4	9	5				9	6	7	3	1	2	8	4	5
7	2	4	5	3	9	6	1	8				8	4	3	5	7	9	6	2	1
6	3	2	9	5	7	8	4	1				6	9	4	8	2	3	1	5	7
1	5	7	6	4	8	3	2	9				7	1	8	4	5	6	3	9	2
4	9	8	2	1	3	7	5	6				2	3	5	7	9	1	4	6	8
3	8	5	4	7	1	9	6	2	3	5	7	4	8	1	9	6	5	2	7	3
9	7	1	3	6	2	5	8	4	2	6	1	3	7	9	2	4	8	5	1	6
2	4	6	8	9	5	1	7	3	4	8	9	5	2	6	1	3	7	9	8	4
						7	4	6	5	2	3	1	9	8						
						2	9	8	1	4	6	7	3	5						
						3	1	5	7	9	8	6	4	2						
7	9	2	3	4	6	8	5	1	9	7	4	2	6	3	7	8	4	9	1	5
3	6	5	7	1	8	4	2	9	6	3	5	8	1	7	9	5	2	6	3	4
4	1	8	9	5	2	6	3	7	8	1	2	9	5	4	1	3	6	2	8	7
9	2	6	8	3	1	5	7	4				7	3	9	2	1	5	8	4	6
5	3	1	4	6	7	2	9	8				6	4	5	8	7	9	3	2	1
8	7	4	2	9	5	1	6	3				1	8	2	4	6	3	5	7	9
2	8	9	6	7	4	3	1	5				3	2	6	5	4	7	1	9	8
6	5	7	1	8	3	9	4	2				5	7	8	3	9	1	4	6	2
1	4	3	5	2	9	7	8	6				4	9	1	6	2	8	7	5	3

98

8	1	4	9	6	2	5	7	3				4	8	1	6	3	9	7	5	2
5	9	6	4	7	3	1	8	2				6	2	3	7	1	5	4	9	8
2	3	7	5	8	1	4	6	9				9	7	5	4	8	2	3	6	1
3	7	2	6	1	9	8	4	5				8	9	2	1	5	7	6	4	3
9	6	1	8	4	5	3	2	7				7	3	6	8	9	4	1	2	5
4	5	8	2	3	7	6	9	1				1	5	4	3	2	6	8	7	9
7	8	5	1	9	4	2	3	6	7	9	1	5	4	8	9	6	3	2	1	7
1	4	3	7	2	6	9	5	8	4	6	3	2	1	7	5	4	8	9	3	6
6	2	9	3	5	8	7	1	4	2	5	8	3	6	9	2	7	1	5	8	4
						5	4	2	9	3	6	8	7	1						
						8	6	7	1	2	4	9	3	5						
						3	9	1	8	7	5	4	2	6						
8	1	4	5	2	3	6	7	9	5	4	2	1	8	3	5	2	9	6	4	7
9	7	5	4	8	6	1	2	3	6	8	9	7	5	4	6	1	8	2	9	3
3	2	6	9	7	1	4	8	5	3	1	7	6	9	2	3	7	4	8	1	5
7	4	8	1	5	2	3	9	6				9	3	6	7	8	1	5	2	4
2	6	1	3	9	7	5	4	8				4	2	5	9	3	6	7	8	1
5	3	9	6	4	8	2	1	7				8	1	7	4	5	2	9	3	6
4	9	7	2	3	5	8	6	1				3	4	9	8	6	7	1	5	2
6	5	2	8	1	9	7	3	4				5	7	1	2	9	3	4	6	8
1	8	3	7	6	4	9	5	2				2	6	8	1	4	5	3	7	9

99

3	5	4	9	1	2	8	7	6				1	9	4	7	5	8	3	6	2
6	9	7	8	5	4	3	1	2				8	6	2	3	9	4	5	7	1
1	8	2	6	7	3	5	9	4				5	7	3	6	2	1	8	4	9
5	7	1	4	3	6	2	8	9				7	5	1	8	4	3	9	2	6
9	6	8	5	2	1	7	4	3				6	2	9	5	1	7	4	3	8
4	2	3	7	8	9	1	6	5				3	4	8	9	6	2	7	1	5
7	1	9	3	4	5	6	2	8	4	3	7	9	1	5	4	7	6	2	8	3
2	4	5	1	6	8	9	3	7	1	5	2	4	8	6	2	3	9	1	5	7
8	3	6	2	9	7	4	5	1	8	6	9	2	3	7	1	8	5	6	9	4
						1	9	2	3	7	6	8	5	4						
						5	4	3	2	9	8	7	6	1						
						8	7	6	5	1	4	3	9	2						
5	4	8	7	6	3	2	1	9	6	4	3	5	7	8	3	2	4	1	6	9
6	2	7	4	9	1	3	8	5	7	2	1	6	4	9	1	7	8	5	2	3
9	1	3	2	8	5	7	6	4	9	8	5	1	2	3	9	5	6	8	4	7
8	3	4	6	7	2	9	5	1				7	8	2	4	9	5	3	1	6
7	9	1	5	4	8	6	2	3				3	5	1	6	8	2	9	7	4
2	5	6	3	1	9	4	7	8				9	6	4	7	3	1	2	5	8
4	8	5	9	2	6	1	3	7				2	9	5	8	6	7	4	3	1
3	6	9	1	5	7	8	4	2				4	3	6	2	1	9	7	8	5
1	7	2	8	3	4	5	9	6				8	1	7	5	4	3	6	9	2

100

3	4	2	7	5	9	1	8	6				2	8	5	4	7	9	3	6	1
5	7	9	1	8	6	4	3	2				6	7	1	2	3	8	4	5	9
8	6	1	3	2	4	9	5	7				4	9	3	1	5	6	8	7	2
9	2	5	4	3	7	6	1	8				9	6	7	5	2	4	1	3	8
4	8	3	2	6	1	7	9	5				8	1	4	3	6	7	9	2	5
6	1	7	5	9	8	2	4	3				5	3	2	8	9	1	6	4	7
1	3	6	8	4	2	5	7	9	1	4	8	3	2	6	9	8	5	7	1	4
7	9	8	6	1	5	3	2	4	6	9	7	1	5	8	7	4	3	2	9	6
2	5	4	9	7	3	8	6	1	2	5	3	7	4	9	6	1	2	5	8	3
						7	9	8	4	3	2	5	6	1						
						2	1	5	8	6	9	4	7	3						
						6	4	3	5	7	1	8	9	2						
5	2	4	3	1	7	9	8	6	7	1	4	2	3	5	9	1	4	6	8	7
3	6	9	4	2	8	1	5	7	3	2	6	9	8	4	6	7	5	1	2	3
7	8	1	9	6	5	4	3	2	9	8	5	6	1	7	8	3	2	9	4	5
4	7	5	8	3	1	6	2	9				4	5	9	2	6	7	3	1	8
1	3	2	6	5	9	8	7	4				3	7	8	1	4	9	2	5	6
8	9	6	7	4	2	5	1	3				1	2	6	5	8	3	7	9	4
9	5	8	2	7	4	3	6	1				7	9	2	4	5	6	8	3	1
6	4	7	1	8	3	2	9	5				8	4	3	7	2	1	5	6	9
2	1	3	5	9	6	7	4	8				5	6	1	3	9	8	4	7	2

We hope you loved the sudoku puzzles. If you did, would you consider posting an online review?

This helps us to continue providing great products, and helps potential buyers to make confident decisions.

For more logic puzzles, find our similar titles

www.ingramcontent.com/pod-product-compliance
Lightning Source LLC
Chambersburg PA
CBHW081337080526
44588CB00017B/2651
* 9 7 8 1 9 2 2 3 6 4 6 4 7 *